特別支援教育ライブラリー

障害のある子どもの
認知と動作の基礎支援

手による観察と操作的活動を中心に

香川邦生 著

教育出版

はじめに

　乳幼児期において，人間が人間としての行動を獲得するためには，外界からの情報をどのように受けとめ，それをどのように活用するかの筋道をつけることが非常に大切だといわれます。しかし，一般的にはこの人間としての行動を獲得する初期の段階において，情報入手と活用に関する意図的で系統的な支援はほとんどなされていないのが現状です。それでも乳幼児は，日々の生活の中で様々なことを模倣したり経験したりして外界からの情報収集の方法を会得し，それに対処する方策を身につけて成長していきます。

　ところが，何らかの障害がある子どもの場合は，そんなに簡単ではありません。特に，外界からの情報源として最も大きな役割を担っている視覚が障害されている子どもの場合は，視覚以外の手段を用いて外界からの情報を取り入れるための方策を丹念に経験させる必要がありますが，この場合，手によって対象を観察したり操作したりして基本的な概念を身につけ，この概念を基盤として活動させることが非常に大切となります。

　本書で取り上げる「障害のある子どもの認知と動作の基礎支援―手による観察と操作的活動を中心に―」のプログラムは，視覚障害，中でも全盲の子どもが外界から情報を収集する際のごく基本的な手法を，手による探索操作を中心課題にすえて具体的に示したものです。特に，身のまわりにある様々な形のイメージづくりや空間の概念形成の過程を丹念に経験させる方策は，このプログラムの特色といえるのではないかと思います。

　また，このプログラムは，①人間の基本的観察能力や行動能力は核になる体験をさせることによって効果的に向上させることができること，②手指や眼を上手に使って観察したり操作したりする能力を身につけさせるためには具体的な活動を通して支援することが大切であること，③わかりやすく興味のもてる活動内容を段階的に配列することによって主体的な活動を促すことができるこ

と，④探索操作能力を高めるためには「予測し確かめる」態度を身につけさせることが大切であること，という4つの仮説のもとに実践を行い，この仮説の有効性を踏まえて作成したものです。

　このように，視覚障害児，中でも盲児との関わりを通して得られた知見をもとにプログラムを組んでいますが，視覚による情報収集が可能な子どもの場合は，手による探索操作とともに，視覚的な情報収集を加味して経験させることによって大きな成果が得られることは，弱視児の実践的支援からも明らかになっています。その意味で，本書は，視覚に障害のない子どもの支援においてもきっと役立つに違いありません。このプログラムが障害のある多くの子どもの実践的支援に役立つことを願っています。

　最後になりましたが，本書は，ジアース教育新社発行の「視覚障害教育ブックレット」に7回にわたって連載した内容に加除修正を加えて編集し直したものです。本書の出版に快く応じていただいたジアース教育新社の方々に心から感謝申し上げます。また，具体的な出版のマネジメントに関しましては，教育出版書籍・教材本部企画課の阪口建吾さんに一方ならぬお世話になりました。この場をおかりして衷心より厚く御礼申し上げます。

2013年8月

香川邦生

目　次

はじめに

序章　認知と動作の基礎支援への思い ……………………………………… 1
　1　私と「自立活動」領域との出会い ……………………………………… 1
　2　盲児の発達は遅れるのか ………………………………………………… 2
　3　「空間に関する情報の障害」の改善 …………………………………… 3

第1章　認知と動作の基礎支援の意義 ……………………………………… 5
　1　認知と動作の基礎支援とは ……………………………………………… 5
　2　認知と動作の基礎支援の位置づけ ……………………………………… 8
　　(1)　すべての子どもに大切な認知と動作の基礎支援 ………………… 8
　　(2)　人間発達の筋道の共通性 …………………………………………… 9
　　(3)　内容を吟味する視点 ………………………………………………… 10
　3　認知と動作の基礎支援の内容選定の観点 ……………………………… 11
　　(1)　認知と動作を一体としてとらえることが大切 …………………… 11
　　(2)　必要な特別な支援の場の設定 ……………………………………… 11
　　(3)　核になる経験の重視 ………………………………………………… 14
　　(4)　B型タイプの核になる体験 ………………………………………… 18

第2章　プログラム作成に向けての検討 …………………………………… 22
　1　プログラム作成に当たっての原則 ……………………………………… 22
　2　弁別・尺度化・標識化 …………………………………………………… 24
　　(1)　弁別の学習 …………………………………………………………… 24
　　(2)　尺度化の学習 ………………………………………………………… 27
　　　1) 名義尺度　　27
　　　2) 序数尺度　　28
　　　3) 距離尺度　　28

v

4）比例尺度　28
　　　5）生活に役立つ尺度の導入　29
　(3) 標識化の学習 ……………………………………………………… 31
　3　学習を構成する領域の構造 ……………………………………………… 32

第3章　認知と動作の基礎支援の学習プログラムⅠ
　　　　―モノの属性の認知を中心に― ……………………………………… 34
　1　手指の操作技能の学習 …………………………………………………… 34
　(1) 学習の位置づけとねらい等 …………………………………… 34
　(2) 手指の基本的操作技能の内容 ………………………………… 34
　(3) 支援や指導を進める上でのいくつかのヒント ……………… 35
　　　1）乳幼児期において手指を活発に動かすようにするための工夫　35
　　　2）なでたりたどったりする運動を誘発するための工夫　35
　　　3）直線運動を誘発するための工夫　36
　　　4）円運動を誘発するための工夫　37
　　　5）遊具や道具等を用いた遊びの促進　37
　2　モノの属性の弁別と尺度化の学習 ……………………………………… 38
　(1) 学習の位置づけとねらい等 …………………………………… 38
　(2) モノの属性の弁別と尺度化の学習内容 ……………………… 38
　　　1）属性に着目した一対一対応の見本合わせ　38
　　　2）基本形に着目した一対一対応の見本合わせ　38
　　　3）属性に着目した複数のモノの一対一対応　40
　　　4）基本形に着目した複数の形の一対一対応　41
　　　5）基本的な概念形成　41
　　　6）食べられるモノと食べられないモノ　43
　　　7）食べ物の種類による仲間分け　44
　　　8）機能による仲間分け　45
　　　9）相似な基本形の仲間分け　45
　　　10）材質に着目した仲間分け　47
　　　11）材料に着目した仲間分け　47
　　　12）一つの属性に着目した順序づけ　47

13）二つの属性に着目した順序づけ　49
　　　14）身近な具体物を基準とした測定　49
　　　15）竹ひごによる長さの関係の理解　50
　　　16）客観的な基準による距離尺度の再構築　51
　　　17）広さの概算　52
　　　18）重さの保存　52
　（3）支援や指導を進める上でのいくつかのヒント …………………… 54
　　　1）子どもの実態に応じた指示の出し方の工夫　54
　　　2）効率的な分類整理のための枠づくりの工夫　54
　　　3）試行錯誤から効率的な活動への深化を大切に　54
　　　4）明確な概念に裏づけられた名称の付与　55

第4章　認知と動作の基礎支援の学習プログラムⅡ
　　　　　―身のまわりのモノの形のイメージづくりを中心に―　………… 56
1　学習の位置づけとねらい ……………………………………………… 56
2　身のまわりのモノの形のイメージづくりの学習内容 ……………… 58
　（1）丸・三角・四角（基本形）などのイメージづくり ……………… 59
　　　1）基本形に着目した仲間分け　59
　　　2）同系列の基本形に着目した仲間分け　59
　（2）基本形態のイメージづくり …………………………………………… 60
　　　1）合同な基本形態の一対一対応　60
　　　2）相似な基本形態の一対一対応　62
　　　3）合同な基本形態の仲間分けⅠ　62
　　　4）合同な基本形態の仲間分けⅡ　63
　　　5）相似な基本形態の仲間分けⅠ　64
　　　6）相似な基本形態の仲間分けⅡ　65
　　　7）柱状体の仲間分けⅠ　66
　　　8）柱状体の仲間分けⅡ　67
　　　9）球状体の仲間分けⅠ　68
　　　10）球状体の仲間分けⅡ　69
　　　11）錐状体の仲間分けⅠ　70

12）錐状体の仲間分けⅡ　71
　　　13）錐状体とその変形　72
　　　14）基本形態の再分類　73
　　　15）秩序立った変化の観察 1　74
　　　16）秩序立った変化の観察Ⅱ　75
　　　17）粘土などを用いたモデル製作　76
　（3）基本形態と具体物の対応関係の理解 …………………………………… 77
　　　1）基本形態と具体物との一体一対応Ⅰ　77
　　　2）基本形態と具体物との一対一対応Ⅱ　77
　　　3）具体物の同形分類　78
　　　4）類似形探しⅠ　80
　　　5）類似形探しⅡ　80
　　　6）類似形探しⅢ　81
　（4）立体の合成分解 ……………………………………………………………… 82
　　　1）基本形態の組み合わせによる具体物の表現　82
　　　2）具体物の分解・構成　83
　　　3）ブロックによる単純な形のモデル製作　83
　　　4）粘土によるモデル製作　83
　　　5）ブロックによる複雑な形のモデル製作　85
　（5）基本形態と基本形の対応関係の理解 …………………………………… 86
　　　1）基本形態の面と基本形との対応　86
　　　2）展開図による箱作り　86
　　　3）基本形態と基本形の投影的対応Ⅰ　87
　　　4）基本形態と基本形の投影的対応Ⅱ　87
　　　5）合同・相似な基本形の重ね合わせ　89
　　　6）基本形態の組み合わせによる立体の自由製作　90
　（6）面図形のイメージの構成 ………………………………………………… 91
　　　1）立体と受け枠との対応　91
　　　2）受け枠と基本形の対応　91
　　　3）合同な基本形の仲間分けⅠ　91
　　　4）合同な基本形の仲間分けⅡ　94

5）相似な基本形の仲間分け　94
　　6）円状形・三角形・四角形の仲間分け　94
　　7）長方形・平行四辺形・二等辺三角形の一辺の長さの変化　96
　　8）多少凹凸のある面図形の仲間分け　97
　　9）面図形の合成　97
　　10）面図形の分解　98
　(7) 面図形と線図形などとの関係の理解 ……………………………………… 99
　　1）面図形などの輪郭たどり　99
　　2）線図形の構成　99
　　3）合同な線図形カードの一対一対応　101
　　4）線図形カードの同形分類Ⅰ　101
　　5）線図形カードの同形分類Ⅱ　102
　　6）線図形カードの合成　102
　　7）線図形カードの分解　104
　　8）重なった線図形の読み取り　104
　(8) 基本形態の二次元的表現や読み取り ……………………………………… 105
　　1）基本形態の投影的表現や読み取り　105
　　2）具体物と凸図および線図の対応　105
　　3）「トンネル法」による見取り図の読み取りと表現　107
　　4）「トンネル法」による簡単な絵の理解　107
　(9) 支援や指導を進める上でのいくつかのヒント ………………………… 107
　　1）算数等の教科学習との関連　109
　　2）基本形態のイメージづくりの重要性を大切に　109
　　3）体験を通した理解の重視　109
　　4）試行錯誤や失敗を奨励して積極的な活動を促す　109
　　5）指導の順次性に配慮を　110
　　6）プログラム補強の大切さ　110

第5章　空間のイメージづくりの学習 ……………………………………… 111
　1　学習の位置づけとねらい等 ……………………………………………… 111
　2　学習プログラムの概要 …………………………………………………… 113

ix

(1) 活動中心的定位の段階 …………………………………………… 113
　　(2) ルートマップ型表象の段階 ……………………………………… 114
　　(3) サーヴェイマップ型表象の段階 ………………………………… 114
　3　学習プログラムの具体的展開 ………………………………………… 115
　　(1) 活動中心的定位の段階における支援 …………………………… 115
　　　1) 特定の閉じた空間における効率的な移動　115
　　　2) 身体像および身体図式の明確化　118
　　(2) ルートマップ型表象の段階における支援 ……………………… 122
　　　1) 身体座標軸の形成　122
　　　2) 身体座標軸の原点移動　125
　　　3) 空間座標軸形成の基礎　127
　　　4) 歩いた軌跡と指の運動等との対応関係の理解　128
　　　5) よく知っている教室等の位置の表現　128
　　　6) 教室模型の組み立て・分解　130
　　　7) 教室の備品等の配置と表現上の約束　132
　　　8) 指歩行と実際の歩行との対応　133
　　(3) サーヴェイマップ型表象の段階 ………………………………… 135
　　　1) モデル製作による発達レベルのチェック　135
　　　2) メンタルローテーションによる教室備品の表現　137
　　　3) 1階部分の教室模型の配置　138
　　　4) 校舎の全体像の理解　140
　　　5) 広さや距離の導入　140
　　　6) 学校敷地内の建物等配置図の構成　142
　　　7) 学校敷地内の建物等配置図の読み取りと実際歩行　143
　4　支援や指導を進める上でのいくつかのヒント ……………………… 146
　　(1) 教材教具の整備と工夫 …………………………………………… 146
　　(2) 比較的広い空間の理解には日常的な歩行経験が重要 ………… 147
　　(3) 具体的な学習プログラムのとらえ方 …………………………… 147
　　(4) 指導の継続性と連続性 …………………………………………… 148
　　(5) 歩行地図の活動への発展 ………………………………………… 148

序章　認知と動作の基礎支援への思い

1　私と「自立活動」領域との出会い

　ご承知のように，「養護・訓練」（現在の「自立活動」）が特殊教育諸学校（現在の特別支援教育諸学校）の教育課程の編成領域として位置づけられたのは，昭和46（1971）年のことでした。当時私は，東京教育大学附属盲学校（現在の筑波大学附属視覚特別支援学校）の小学部の教員として勤務していました。この新しい領域の指導を，同46年度から行わなければならないこととなり，まず学校全体で小学部の教員を一名専任で指名し，研究的に担当してもらおうということになりました。しかし，この新たな領域のことを知る者は誰一人としていなかったわけですから，誰もが尻込みをしてしまうという状況でした。私も当然尻込みをした一人ですが，職員会議の話し合いで結局，私にこの専任教員の役がまわってきたのです。私は，この役割を渋々ながら受けざるを得ないという状況になったのでした。

　「養護・訓練」の専任となった当初は，手探りと戸惑いの連続でしたが，校内・校外の様々な方々の指導を受けながら，徐々にこの領域を指導するおもしろさがわかってきました。特に，当時久我山盲学校の教員であり，後に国立特殊教育総合研究所の研究員・室長・部長と歴任された木塚泰弘先生（後に，日本ライトハウス理事長）との出会いは，この領域の指導のおもしろさと奥深さを知る大きなきっかけとなりました。

2　盲児の発達は遅れるのか

　ところで，私が視覚障害教育の実践を始めた1970年代の初め頃までは，関連する書物に視覚障害児の発達は著しく遅れるというデータが様々な形で示されており，「発達が遅れる」ということが定説になっていました。言葉が遅れる，概念形成が遅れる，歩き始めが遅れる，身辺自立がいつまでもできないなど，発達のあらゆる側面に遅れが認められるとみられていました。「外界からの情報源として最も大切な視覚に障害があるのだから，視覚障害児の発達が遅れるのは当然だ」と思われていたのです。

　ところで，米国においては，1950年代に未熟児網膜症によって多くの盲児が出現しました。この未熟児網膜症による盲児をどのように育てたらよいかに苦慮していた関係者は，盲児の育児をめぐるそれまでの不適切な環境要因に気づきます。つまり，盲児は目が見えにくいのだから，あれもこれもできないのが当たり前とみられ，両親や周りの者が何から何まで手助けしてやる，盲児が積極的に行動しようとしても，危険だからという理由で制止してしまうというのが日常的であったため，盲児の発達の機会は周囲の者によって奪われてしまい，言葉が遅れる，概念形成が遅れる，歩き始めが遅れる，身辺自立が遅れるなどという状況が生じていたのではないかということに気づいたのです。そこで関係者は，こうした過保護で不適切な環境を是正することによって，盲児の発達を促進することができるのではないかという仮説を立て，家庭訪問等によって保護者に積極的な育児方法を指導します。この場合の指導方針は，「視覚に障害のない子どもがやっていることは，盲児にもできるはずである。三輪車乗りや木登り，ごっこ遊びや積み木遊びなど，何でもやらせよう」という点にあり，視覚に障害のない子どもと同等の発達の機会を与えようというものでした。こうした取り組みの結果，盲児は順調に発達し，ほとんど遅れはみられなくなったと報告されています。この報告は，従来みられた遅れの多くが人為的につくられたものであった点を明らかにしました。

こうした米国における実践報告は，我が国における盲児の育児や指導にも大きな影響を与えました。そして，「発達の機会を奪わない」という育児姿勢や，発達の遅れを強調するよりも発達の促進方策を研究するという積極的な対応に変わっていくのです。
　私が「養護・訓練」の実践を始めた当時，こうした米国の実践報告が入ってきていた頃で，大きな刺激を受けました。そして，支援の仕方や指導の内容・方法が適切であれば，盲児も視覚に障害のない子どもたちと同様の発達や学習を保障することができるのだという認識に立って，前向きに指導法を開発しようという意欲が湧いてきました。

3　「空間に関する情報の障害」の改善

　さて，米国における実践報告が大きな影響をもたらしたとはいえ，「視覚に障害のない子どもと同等の発達の機会を与えれば，盲児の発達はすべて順調にいく」というような単純なものではないという点もまた事実です。例えば，様々なものを眼で見て概念形成していく過程と，視覚のない状態で概念形成していく過程とでは大きくその様相を異にしますし，自己と空間の位置関係や自己を中心とした空間の広がりの認識も，視覚的な認知が可能かどうかによって大きく異なります。このような課題は，視覚に障害のない子どもと同等な発達の機会を与えるのみでは不十分であり，盲児の保有する感覚をフルに活用した学習内容と方法を吟味し，丹念に学習過程を組み立てて対応することが大切です。
　私は，視覚障害は「空間に関する情報の障害」であるととらえています。中でも視覚のまったくない全盲という状態は，まさに「空間に関する情報の障害」が非常に顕著な状態といえるのではないでしょうか。この「空間に関する情報の障害」は，視覚障害児の発達過程においても，また，様々な学習を行う場合においても，考慮して対応しなければならない重要な視点だといえます。
　ここで紹介する視覚障害児に対する「認知と動作の基礎指導」は，この「空

間に関する情報の障害」を改善する手立てとして,昭和46 (1971) 年から昭和52 (1977) 年の7年間にわたり,幼稚部および小学部の幼児・児童を対象として,改善を加えながら実践した経験に基づいて書いた指導内容・方法です。現場で実践されている先生方に少しでもお役に立てば幸いです。

第 1 章　認知と動作の基礎支援の意義

1　認知と動作の基礎支援とは

　「認知と動作の基礎支援」とはいったいどのような支援を意味するのでしょうか。従来この種の指導や教育は，関係者の間で「感覚訓練」とか「感覚教育」という名称で呼ばれていました。そのため，感覚器官の鋭敏さを訓練する分野という誤解が一部にあったように思われます。「感覚訓練」や「感覚教育」においても「認知と動作の基礎支援」においても，その出発点は外界からの情報を感覚受容器によっていかに効率よく取り入れるかですが，そこにとどまるのではなく，取り入れた情報をどのように解釈して実際行動に役立てるかということが大切ですから，とらえ方や支援の方向性はほとんど同じであるとみることができます。ここではこうした支援分野を「認知と動作の基礎支援」ととらえて，その意義を改めて考えてみたいと思います。

　私たちが外界から様々な情報を入手する際，最前線でその担い手となるのは，眼，耳などの感覚受容器です。この感覚受容器を通して，光や音などの比較的単純な刺激の性質を感じ取って識別する生体の反応を，「感覚」と呼んでいます。「認知と動作の基礎支援」の出発点は，感覚を通して外界からの情報をどのように効果的に受け入れるかが重要です。ところが，ここで問題にしようとしている「認知と動作の基礎支援」は，このような単純な刺激に対する弁別力を高めるための支援を意味するものではありません。弁別の確かさは，外界からの情報を有効に収集するための重要な役割を果たすとはいえ，実際には，感覚受容器を通して収集した情報から，何を予測・判断し，それにどう対処するかが重要です。「認知と動作の基礎支援」は，この判断力と判断に基づく実際

行動を中心課題にすえて行われる支援です。

　図1-1をもとにしてもう少し詳しく考えてみたいと思います。感覚器官を通して入手（弁別）した外界からの情報は，大脳に入ってきますが，この場合，過去において蓄積された記憶や経験，あるいは概念と照合して，入手した情報に予測を加えて意味づけをします。この場合，入手した情報がたとえ若干曖昧であっても，蓄積された記憶・経験・概念がしっかりしていれば，確かな予測の力を発揮することができますが，反対に蓄積された記憶・経験・概念が曖昧ならば，確かな予測の力にはつながらないということになります。いずれにしても，予測の力も働かせて入手した情報に意味づけをして判断をくだし，行動に結びつけることになりますが，予測の力も働かせて判断した結果が若干間違っていれば，過去に蓄積された記憶・経験・概念の情報に修正を加えてより確かなものにしていくことになりますし，間違っていなければ，今までに蓄積されたものでよかったのだということが確認されて，より強固な記憶・経験・概念の枠組みとなっていきます。

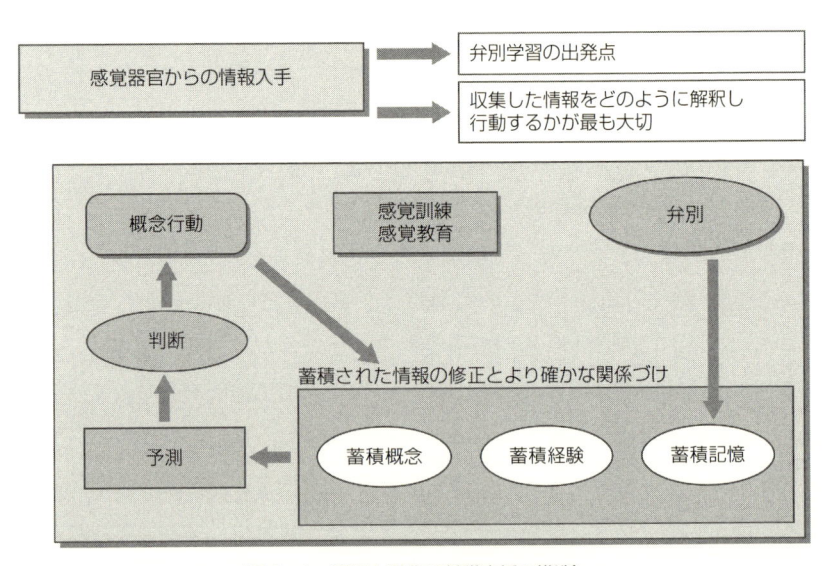

〈図1-1　認知と動作の基礎支援の構造〉

このような一連の流れを嗅覚を例として考えてみたいと思います。新鮮なりんごと腐ったりんごのにおいの違いや，部屋に漏れたガスの微妙なにおいの違いが弁別できたとしても，そのにおいに託されている意味，つまり，腐ったりんごは食べられないから捨てるべきだとか（過去の記憶・経験・概念），ガス臭いのはどこかでガス漏れしているに違いない（過去の記憶・経験）という判断と，それに基づく適切な行動（概念行動）が伴わないと，弁別は無意味なものとなってしまいます。こうして概念行動に移した結果をフィードバックして，記憶・経験・概念の関係づけや枠組みは，より強固なものになっていくのです。したがって嗅覚を特殊な方法で訓練した結果，弁別力が飛躍的に向上したとしても，それを受けた情報処理機構と概念行動が伴わないと，弁別の鋭さがさほど大きな意味をもつわけではないのです。弁別学習は，「認知と動作の基礎支援」の出発点ではありますが，以上のような意味で中心的な課題ではないといえます。

　さて，視覚からの情報入手が困難な盲児の場合は，視覚以外の情報によって周囲の状況を判断することになりますが，特に空間に関する様々な情報は，視覚が非常に大きな役割を担っているので，入手する空間に関する情報は，ごく限られたものになります。この限られた少ない情報で周囲の状況を判断しなければならないので，確実な予測をどのように働かせるかが非常に大切になるのです。

　布地の手ざわりは，ざらつき，暖かさ，柔らかさなどの弁別を誘うのみならず，木綿であるか化繊であるか純毛であるかの手がかりとなり，さらに，それを着ている人をも象徴する機能をもっています。盲児が洋服にさわっただけで「これは○○ちゃん」，「これは○○先生」と判断している場面によく出くわしますが，「認知と動作の基礎支援」においては，最終的にはこのように，確実な予測の力を働かせて実際の行為に役立つことが要求されるのです。

　「認知と動作の基礎支援」において，いま一つ大切にされなければならないことは，条件反射で固定的な行動のパターンをつくるのではなく，新たな事態や学習に対して対処できる柔軟な能力を育てるという点です。例えば，歩行

指導において，Aというコースを設定して繰り返し練習したとします。その結果，Aコースについては，非常にスムーズな歩行が可能になったとしても，そのことだけでは歩行指導が成功したとはいいがたいのです。つまり，歩行指導におけるAコースの設定は，一つのモデルコースの意味をもつものであり，そのコースの歩行指導を通して得た知識・技能・態度などが，他のコースの歩行においても役立つものでなければならないからです。端的な表現を借りれば「学習の転移」性を常に考慮して「認知と動作の基礎支援」が行われなければならないということです。

以上のように考えてみますと，「認知と動作の基礎支援とは，感覚機構を媒介として外界から受け入れた様々な情報を整理して概念化し，それを行為に照らし合わせて判断し，対処する能力を育てる分野」，言い換えれば，情報処理の方策や概念行動の方法を支援する分野ということになります。したがって，この分野の教育を「感覚訓練」とか「感覚教育」と呼ぶこと自体に問題があるように思われますので，ここでは「認知と動作の基礎支援」と呼びたいと思います。

2　認知と動作の基礎支援の位置づけ

(1) すべての子どもに大切な認知と動作の基礎支援

前述の点からもおわかりのように，情報処理能力を高め，それによって概念の枠組みをつくり，その枠組みを活用して行動を誘発する（概念行動の誘発）目的で行う「認知と動作の基礎支援」は，視覚障害児のみに必要な特別な分野ではなく，すべての障害児，あるいは障害のない子ども，特に幼児期においては必要な分野だといえます。

障害のない子どもの指導について著している『幼児期の感覚教育』（サクリーナ他著・坂本市郎訳, 1970, 新読書社）は次のように述べています。

「さまざまな形態の教育—知育・美育・体育，さらには道徳教育まで含めて，

子どもの人間そのものが全体として発達するようにしなければならない。これを立派に行い得るためには，感覚の発達こそその基礎である。(中略)感覚教育が大切だとされるのは，身のまわりの現実を認知するためには，何よりも感覚や知覚が基になっているからである。我々は，視覚・触覚・聴覚などの力によって，身のまわりの事物や現象を知ることができる。そして，それが基になってはじめて，記憶・想像・思考というようなより自律的な過程が生じてくるのである。」

　また，モンテッソーリの「感覚教育」においては，次のように述べています（東京国際モンテッソーリ教師トレーニングセンター　http://www.geocities.jp/ami_tokyojp/sensorial.html）。
　「人間が生きて行くためには外界との接触はすべて感覚器官を通じて行なわれます。幼児期は，特に，この感覚的刺激に対して敏感に吸収し，感覚器官を完成すると同時に，人格形成の時期でもあります。美しい魅力的なモンテッソーリの感覚教具を使い，視覚・触覚・聴覚・嗅覚・味覚に訴えながら物の同一性や漸次性等を確かめる力，識別，分類する力を育み，その後に続く数，言語への広がりを持つ領域です。また，幼児は知的好奇心に富み全人的に成長したいという奥深い生命力に導かれて日々生活しています。この時期の子どもの深い探究心に応えるため，モンテッソーリ教育では，感覚器官を通した地理や音楽などの活動を環境の中に用意し，知的発達を助け，安定した情緒と生命の大切さや，愛を感じながら個性豊かな子どもに育つための援助をします。」

　これらの見解は，この分野を「認知と動作の基礎支援」と位置づける筆者の意見とほぼ一致しているといえます。

(2) 人間発達の筋道の共通性

　人間発達の過程は，盲児も障害のない子どものそれと大筋において異なるわけではありません。したがって，盲児の「認知と動作の基礎支援」の内容を考

える場合，障害のない子どものそれとまったく異なった独自のものとしてとらえるよりも，障害のない子どものこの分野の内容を十分に理解し，それをいかに再構築するか，また，追加すべき内容や，削除すべき内容はどんなものかについて検討を加える必要があると思われます。この場合，次のような観点を重要視する必要があるのではないでしょうか。

(3) 内容を吟味する視点

　私たちが外界の変化や事物現象をとらえる場合，視覚・聴覚・嗅覚・味覚などを動員して情報を収集し，いわゆる総合的に判断するわけですが，この場合，視覚は距離を征服してものの形や位置，大きさや広がりなど事物の特徴を把握する上で他の感覚に比べて非常に優れています。このようにすべての感覚の中で，最も優位にある視覚に障害のある盲児の「認知と動作の基礎支援」は，触覚や聴覚などをいかに有効に活用するかが大きな課題となります。また触覚や聴覚の優れた特性（例えば触覚でしか認知できない粗滑の微妙な変化の様子や，聴覚でしか認知できない音の微妙な相違など）を十分に働かせるような内容も併せて考えていかねばなりません。こうした点を踏まえるならば，おのずと障害のない子どもと盲児の「認知と動作の基礎支援」の内容や方法の違いは明らかになると思います。

　例えば，歩行環境を理解する際，視覚に障害のない子どもであれば，境の切れ目や路地，道幅，店の位置など，ほとんどすべての情報を視覚によって得ることができますが，盲児の場合は，風の方向や反響音を手がかりに境の切れ目や路地を発見しなければなりませんし，においや音を手がかりに店の種類や位置を予測しなければなりません。この場合，聴覚・触覚・嗅覚等による空間の広がりや位置関係に関する情報は，視覚的に得られる情報に比べて非常に曖昧である点を踏まえて支援することが求められます。この曖昧さを補うためには，足りない情報を確実に予測する力の育成を考えなければならないでしょう。このような情報収集の手段の違いや確実な予測を働かせることの重要性が「認知と動作の基礎支援」の上に生かされねばならないのは当然のこととといえます。

3 認知と動作の基礎支援の内容選定の観点

(1) 認知と動作を一体としてとらえることが大切

　外界の環境からの情報は，眼（視覚），耳（聴覚），鼻（嗅覚），口（味覚），手（触覚）などの感覚受容器を通して個体に受け入れられ，電気信号に変換されたかたちで大脳中枢に伝達されますが，これを受けた個体は手や足などの全身の動作や運動というかたちで環境に働きかけます。さらにここで，環境に対する個体の働きかけは，感覚受容器を通じて個体にフィードバックされます。このように人間の行動においては，感覚器官の働きと運動器官の働きとは，切り離して考えることはできないので，認知と動作は一体としてとらえて内容の選定を行う必要があります。

　「認知と動作の基礎支援」は，感覚器官を通した単なる受け身的な刺激の受容を問題にするのではなく，外界に対する個体の積極的な働きかけをも含む支援ですが，そのような目的意識をもったとしても，非常に広範な人間の認知や動作の枠の中から，どのようにして内容を選定し，プログラムを作ればよいかということは，大いに議論しなければならないところです。

(2) 必要な特別な支援の場の設定

　認知と動作の基礎的能力が充足されてこそ，日常生活の所々もろもろの事柄にうまく対処できるのだから，逆にいえば，日常生活の営みの中に，認知と動作の基礎となる内容の要素はすべて含まれているといってもよいわけです。このことから，日常生活に必要な一つ一つの認知や動作を丹念に経験すれば（指導すれば），特別に「認知と動作の基礎支援」なる分野を設定しなくてもいいのではないか，いやむしろ，日常生活の具体的な活動を通して「認知と動作の基礎支援」はなされるべきだとする考え方もあります。

　しかしながら，日常生活のもろもろの事柄を一つ一つ経験させていけば，そ

れこそが「認知と動作の基礎支援」であるという主張には，多くの疑問が残ります。「放っておいても子は育つ」の言葉のごとく，感性的な面の発達においても，確かに子どもたちは日常的な自分の生活を通して，放っておいてもある程度感覚的経験を積み重ねていくし，日常生活の様々な経験を通して，大きく成長する場合もあります。しかしながら，それらは一面的な発達にとどまったり，一般化された概念の枠組みがないままで，個々の経験がバラバラに存在するという結果になる場合も多いのです。

この点について前述した『幼児期の感覚教育』においては，次のように述べられています。

「感覚教育の研究に当たった古い学者たちの根本的欠陥の一つは，事物について正確で確実な表象を数多く形成してやることが感覚教育の根本だと考えていた点にある。そういう表象を数多く形成してやることによって，子どもたちの感覚的能力は発達するものだと想定していたのである。確かにそういう考え方も，部分的には正しいところがある。具体的な表象を形成することによって，ある程度，感覚的能力の発達に好結果をもたらすからである。しかし（おとなの指導を受けて）子どもが事物の各種の特質について数多くの具体的表象を習得しても，自分の力で事物を正しく観察したり，各特質を正しく見分けたりすることはできない。つまり，その子どもの感覚的能力の水準は，非常に低いままになっていることがよくある。反対に，事物についての具体的な感覚的表象を子どもたちに形成してやる場合に，その数（範囲）を少なくしても，事物の観察や探求が自分の力でできるように，一般的技能を育てるならば，非常にすばやく，しかも上手に新たな特質を習得することも可能である。このように日常生活の中で数多くの経験を積むことや事物についての正しい表象を持ったりしたとしても，そのことが感覚教育の最善の策ではない。」

ちょっと話が横道にそれますが，私はよく蔵書数の異なる二つの架空図書館の例を用いて，経験の量を優先させるべきか，それとも経験の質を優先させるべきかを話すことがあります。つまり，A図書館には，25万冊の蔵書がありま

すが，B図書館には10万冊の蔵書しかないという状況を想定します。蔵書数からみると，明らかにA図書館の方が格が上ということになります。ところが，A図書館で本を借りようとしてユーザーが係員に書名を告げても，なかなか要求した本が出てこない，あげくの果てに，「その本は現在貸し出し中です」などといわれてしまう．A図書館ではこんなことが日常茶飯事に起きています。一方B図書館で本を借りる場合は，要求した本が非常に短時間の間にユーザーの手に届きます。A図書館もB図書館も，今後蔵書数が増えていくでしょうが，A図書館は蔵書の分類・整理がうまくいっていないので，新たに入ってくる図書も，うまく分類・整理されないままになる可能性が大です。しかし，B図書館は，現在のところの蔵書数は10万冊ですが，今後入ってくる図書も，うまく分類・整理されてスムーズな図書館の運営につなげていくことができるに違いありません。コンピュータの発達した現代において，架空にしてもAのような図書館はあり得ませんので，こんな話は笑い話にすぎません。しかし，このAとBの図書館を，視覚障害児に置き換えてみると，決して笑い話などではすまされないように思えるのです。

　特に，主として触覚的にモノを観察する場合は，部分的な特徴や情報にとらわれすぎて，今観察しているモノの全体と部分の関係や，今までに観察したり経験したりしたモノと今観察しているモノとの関係理解が十分でない場合が往々にしてみられます。このため，観察したり経験したりしたことが，個々バラバラに存在し，概念の枠組みに組み込まれないという状況が生じやすくなります。そればかりではなく，経験したことがかえってマイナスに働くことすら見受けられるのです。

　小学部1年生の子どもを対象に「形の学習」をしていた時のことです。ある盲児が三角形を手に持って観察し，「これは三角，先生，三角が三つある」という発言をしました。この盲児の場合は，鋭角にとがった角はすべて三角という認知の仕方をしていたのです。このような誤った認識は，どのようにして生まれたのでしょうか。おそらく，丸，三角，四角などの形を経験する過程において，一つ一つの形についての観察の視点が与えられないままに「これは丸」，

「これは三角」,「これは四角」などという名称とともに形が提示されたので,盲児は感覚的経験によって自分なりに意味づけをしたものと思われます。また,クリスマスなどにかぶる「とんがり帽子」のことを,「三角帽子」などということがありますが,視覚的に三角にみえるこの帽子は,触覚的にはまったく三角のていをなしていません。したがって,「とんがり帽子」を不用意に「三角帽子」などという名称で盲児に紹介すると,「とがっているところが三角である」というように,「三角」という概念形成に大きな混乱を起こしてしまう場合が起こり得ると思われます。このように,経験したことがかえってマイナスに働き,概念形成に支障をきたす場合すらみられるのです。

　経験や体験が必要だといわれるのは,それらの経験や体験を通して,概念が形成され,新たな事態に対して,比較や予測を行って,より高い知識や技能を獲得したり,既にもっている概念の枠組みをさらに確かなものにしたりできるからではないでしょうか。

　前述の図書館の例のように,様々な経験も,最初に分類・整理する枠組みが整っていなければ,経験が個々バラバラに存在するにすぎませんが,分類・整理する枠組みが整っていれば,次々と経験する事柄は,その枠組みの中に位置づけられ,さらに確かな枠組みへと発展していくことができるのではないかと思います。

　比較的少ない経験を有意なものにし,新たな事態に対して,比較や予測を行って,より高い知識や技能を獲得していく枠組みにするためには,経験の量よりも質を問題にすべきなのではないかと思います。

(3) 核になる経験の重視

　盲児は一般的傾向として,非常に経験領域が狭いといわれており,その対策として,あらゆる機会をとらえて経験を広める配慮の必要性が叫ばれます。確かに経験領域を広げることは大切ですが,ただやたらに経験させればそれでいいというものではないように思います。視覚的に外界をとらえることのできない盲児たちに,視覚に障害のない子どもと同じような態度で経験をさせよう

すれば，前述の「三角が三つある」ととらえた盲児のように，かえって誤った概念をもたせる危険性もありますし，また経験したことが個々バラバラで，前の経験とのつながりや，既にもっている概念の枠組みの中に組み入れられないという結果にもなりかねないし，忘れさられるということもしばしば起こり得ます。

　日常生活の中で，自然に任せて「認知と動作の基礎支援」を行おうとすれば，それなりの成果はあるとしても，非常に効率の悪いものになってしまうということがいえるのではないでしょうか。

　盲学校の幼稚部に通っていたK子ちゃんの母親が，ある時こんな話をしてくれました。

　K子ちゃんの家に田舎から桃が送られてきました。大きくてたいへんおいしい桃でした。桃が送られてきて間もない頃，K子ちゃんの隣の家の同い年のM子ちゃんが遊びに来ました。そこでK子ちゃんのお母さんは，田舎から送られてきたおいしい桃をおやつに出したのだそうです。K子ちゃんとM子ちゃんは，それを「おいしい，おいしい」といって夢中になって食べていましたが，そのうち，二人の話は，桃の種を裏の空き地に植えて育てようという話に発展していったのだそうです。K子ちゃんのお母さんは，どんな話になるのかと興味をもって聞いていました。しばらく二人の話が弾んだ後で，M子ちゃんが「ねえK子ちゃん，桃の実がなったら，私に一つちょうだいね」といったのだそうです。すると，今まで元気に会話を楽しんでいたK子ちゃんが，「うーん」となって考え込んでしまったというのです。たまりかねたお母さんが「K子，一つあげなさいよ」というと，K子ちゃんは「だって，一つあげたら，私のがなくなる」といって怒ったというのです。

　このお母さんは随分活発な方で，自家用車でいろいろなところに出かけ，K子ちゃんに様々な経験をさせることに熱心な方でした。お母さんは，「K子には，桃のなっているところで自動車を停め，抱き上げて桃の実にさわらせたことがあるんですが，あんなみせ方では駄目だったんですね」と反省しきりでした。つまり，お母さんは，道端に自動車を停めてK子ちゃんを抱き上げ，桃の

実にさわらせて,「これが桃よ,よくみてね」といったのですが,桃の実が,木にたわわに実っている情景まではみせられなかったのです。

　K子ちゃんは,あんなに大きくて立派なおいしい桃の実は,桃の木に一つしかならないのではないかと思っていたようです。目の見える子どもの場合には,考えられないようなことが,往々にして起こる可能性があることをこの事例は物語っています。

　経験の量よりも質を大切にすべきであるということは,既に述べましたが,では一体「経験の質」とは何を意味するのでしょうか。

　K子ちゃんのお母さんの話を借りて,K子ちゃんのつまずきの原因を探ってみると,K子ちゃんは桃の実を観察したことはあっても,桃の木にどのように桃の実が実っているかのイメージがつかめていなかったということになります。そればかりではなく,桃園にどのように桃の木が配置されていて,その1本1本に桃が実っている状況を知らなかったのです。目の見える子どもであれば,自動車の窓から桃園を指さして,「あれが桃園だよ。たくさんの桃が実っているね」という会話だけで桃園にたくさんの桃の木があり,1本1本の木にどのように桃が実っているかを十分に把握することが可能ですが,目の見えない子どもの場合は,桃園に行って桃の木がどのような間隔で植えられていて,どの程度の大きさの木に桃がどのくらいたわわに実っているかを実際に経験することが大切です。このような経験をすると,桃園という広がりと桃の木1本1本の状態,そこに1個の桃がどのように実っているのかという全体的な情景を具体的に把握することができます。

　このような一つのていねいな経験があれば,梨園や柿園,みかん園など似通ったものの経験を省いても,桃園との関連におけるていねいな説明と,梨・柿・みかんなどの観察でおおよそのイメージをもつことができるのではないでしょうか。

　このように,一つの質の高い本物の経験(ここでは桃園の経験のこと)を行うことによって,他の学習(ここでは梨園・柿園・みかん園の学習)にもその経験がプラスに働き,触覚による簡単な観察と言葉などによる説明などによって,実際

の情景とほとんど変わらないイメージをふくらませることができるような経験を，「核になる経験」といいます。

この核になる経験や学習は，図1-2に示すような二つのタイプがあるように思います。その一つは，「A型」に示すような核になる経験です。つまり，類似するたくさんの事柄の中で，中核的で代表的な経験や学習を一つ（A型の①）あるいは複数（A型の②）行うことによって，他の経験や学習はさほどていねいに行わなくても事足りるというタイプです。このタイプにおいては，少ない経験で概念の枠組みをつくることのできる中核的な課題をどのようにして選定するかが重要な鍵であり，先に述べた果樹園の話はこのA型に属します。

二つめは，「B型」のタイプです。このタイプは，中核的な経験や学習を行うことによって基本的な見方・考え方の枠組みができ，以後の経験や学習がこの枠組みの中に位置づけられて，徐々に概念の枠組みが強固になっていくようなものを意味しています。後ほど具体的に述べる「認知と動作の基礎支援」の多くは，このB型のタイプに属するものといえるでしょう。

A型①　　　　A型②　　　　B型

A型　類似するたくさんの事柄の中での代表的な経験

B型　基本的な見方・考え方の枠組みづくり

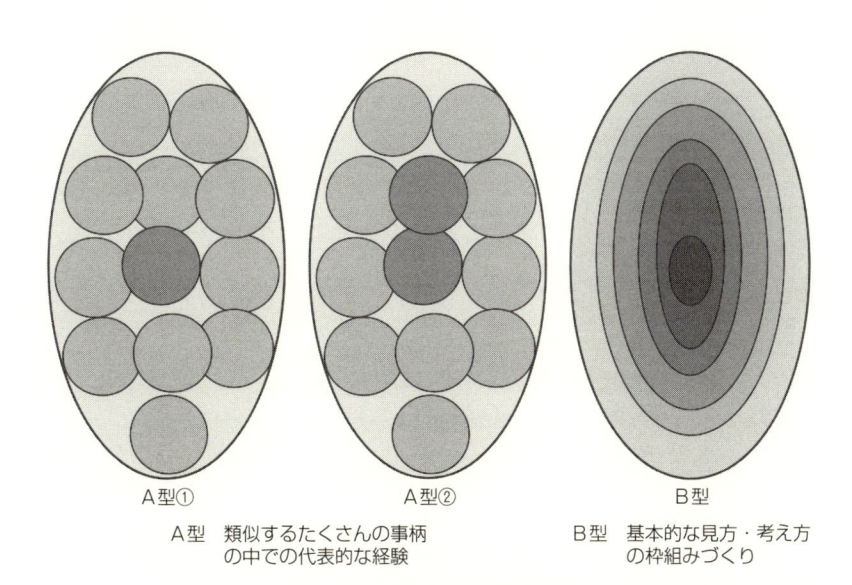

〈図1-2　核になる体験の模式図〉

(4) Ｂ型タイプの核になる体験

　Ａ型タイプの核になる体験に関しては，ある程度のイメージをもっていただけるのではないかと思いますが，Ｂ型タイプの核になる体験に関しては，わかりにくい面があると思いますので，少し解説を加えておきたいと思います。

　ここで問題にしようとしている「認知と動作の基礎支援」は，Ｂ型タイプの核になる体験として位置づけることができるのではないかと思います。では，この「認知と動作の基礎支援」の内容は，どのような観点に立って選定すればよいのでしょうか。結論からいうならば，「認識しようとする対象をより広く，深く，確実に認識していくために必要な，一般的な方法を身につけさせるために，最も効果的な内容を選定すればよい」ということになるのではないかと思います。ちょっと複雑な話になりましたので，いくつかの例をあげて説明してみます。

　まず初めに，手（触運動）による探索操作によって，盲児が物体の形を観察する場合を例として考えてみたいと思います。盲児が，ある物体を手に取って観察する場合，およそ次のような手の探索操作能力が必要となります。

① 基本操作：押す，握る，ひっかく，なでる，こする，つまむ，つまんでひっぱるなどの基本的な手の操作能力が必要である。

② 親指と他の四指の対応：親指と他の四指を対応させて観察したり作業したりする手の操作方法が大切である。普通親指と人差し指との対応はスムーズな子どもが多いが，親指と中指・薬指・小指との対応はかなり難しい。

③ 多指の使用：５本の指の運動を分化させて巧みに使いこなすことができるようにすることは，手の探索操作能力を高める上で重要な点である。

④ 両手の協応：同時的に観察する範囲を広げたり，両手の分業によって二つのものを同時に比較したり，基準を決めて観察したりするために両手を協応させることは重要である。

⑤ 二段の操作：まず全体をさっと観察して，観察すべき空間の範囲と，大まかな形をつかみ，次に必要な部分に着目して，詳しく観察しながら，全体と

部分の関係を明らかにしていく観察方法の獲得が大切である。
⑥ 基準点の設定：ただむやみに形をなでまわすのではなく，片手，またはある指で基準点を取り，その基準点を原点として広がりや位置関係，形などを観察する方法の獲得が大切である。
⑦ 基準点の移動：複雑なモノや，形の大きなモノを観察する場合，詳しく観察したり，観察する範囲を広げたりするために，基準点を移動させるという技法が有効である。この場合，移動した基準点ともとの基準点の関係を明確に把握できるようにしなければならない。例えば，最初に左手を基準点に置いた際は，次の基準点は右手で取り，基準点同士の位置関係を明確にした後に，最初の左手の基準点を取り除くという方法が有効である。
⑧ 予測と確かめ：特に盲児は少ない情報を有効に活用して判断しなければならない場面がかなり多い。手の操作技能が向上し，概念が明確になるにつれて，モノの一部にふれただけでも全体像が予測できるように指導することが大切である。この場合，予測が正しかったかどうか確かめてみる態度の育成も忘れてはならない。
⑨ 観察対象による探索操作の違い：植物を観察する場合と，動物を観察する場合など，観察する対象によって，どの部分からどのように観察すればよいかの一般的な法則があるので，その点を踏まえた対応ができるようにすることが求められる。
⑩ 総合的観察における手の位置づけ：実験的なデータによると，触覚だけに頼る観察は，他の感覚を動員する場合に比べて，認知の確かさがかなり劣るという。実際生活の中では，すべての感覚を動員して，できるかぎり正しく認知する努力がなされるわけであるから，支援に際しても総合的観察における手の位置づけに配慮が必要である。

　以上，手によって物体を観察する場合の一般的な方法を10項目に整理しましたが，どういう内容の支援を取り上げる場合においても，手による探索操作能力としては，この10項目が核になる体験ですから，この点を念頭に置いて支援

することが求められるのです。

　次に,「認知と動作の基礎支援」という観点から,犬の剝製を観察させる場合について考えてみたいと思います。犬の剝製を観察させる場合,犬そのもののイメージを明確にさせることも大切ですが,第一の目的は,犬の剝製という教材を通して,手の探索操作能力を高めるための一般的な方法を身につけさせるところにあります。理科教育等で犬の剝製を観察させる場合は,犬そのものの生態をいかに把握させるかが最大のねらいであり,また,犬の生態をどのように把握したかが評価の観点となりますが,「認知と動作の基礎支援」において犬の剝製を観察させる場合は,犬という教材を通して,動物（主として四つ足の動物）を観察する場合の一般的な方法を身につけさせることに目的が置かれますし,観察の方法をどの程度身につけたかという点が評価の観点になります。また,犬などの動物を観察させる場合,「毛並みにさからわずに手を動かす」,「頭部の方から尾部に向かって手を動かし全体像をつかむ」などの一般的方法が加味されなければなりません。加えて,手による探索操作は,視覚のそれと比べて,いくつかの制約を受けますが,中でも,観察が継時的であるため,部分と全体の関係や,モノとモノとの位置関係がつかみにくいという特徴をもっています。この制約をできるだけ解消していくための一般的な方法についても,「認知と動作の基礎支援」の内容として検討する必要があります。さもないと,手による探索操作能力が非常に向上したとしても,観察した結果を構成したり,概念の枠組みの中に位置づけたりして確実に自分のものにするということができないという事態が想定されるのです。

　こうした対策として,基本的な形の概念を形成する学習が考えられます。私たちの身のまわりにあるモノのほとんどは,球・円柱・角柱・円錐・角錐などの基本形態（基本的な立体のことを指す）や円・正方形・長方形・三角形・正多角形などの基本形（平面の基本的な形を指す）およびその組み合わせや変形などからなっている場合が多いので,これらの基本的な形の概念が形成されれば,具体的な物体の観察において,比較や予測が可能となり,形のイメージを保存したり,部分的に詳しく観察するのに役立つのではないかと思われます。つまり,

認識対象である事物を，目的に沿って観察し，それによって得た情報を，すでにもっている感覚的経験と関連づけて，正しく意味づけていくことができるのではないかということです。この場合，感覚的経験が豊かで，しかも正しい概念が形成されていれば，それだけ観察は鋭く，きめ細かなものになるのではないでしょうか。

　また，これらの形を空間の広がりの中に位置づける枠組みとして，空間座標軸の形成も併せて学習させる必要があります。

　以上，手によってモノを観察する場合を例にして，「認知と動作の基礎支援」において選定すべき内容の検討を行ってきましたが，要約すると，「認知と動作の基礎支援の内容を選定するに当たっては，そのものがもつ多面的な資質を探究するにふさわしい一般的な方法をまず明らかにし，その一般的な方法を身につけさせるために最も適切な教材を選定する」ということになるのではないかと思います。

第2章　プログラム作成に向けての検討

1　プログラム作成に当たっての原則

　認知と動作の基礎支援のプログラムをどのように作成するかを考える場合，プログラムの順次性における一般的原則を考慮に入れなければなりません。この一般的原則として次の5つがあげられますが，これらは，発達段階という側面をも視野に入れたものとしてとらえることができます。
① 　他律化から自律化への原則：最初は指示されたとおりに活動できるようにすることを目標として指導するが，次第に，大まかな取り組みの方向を指示して，子ども自らの判断を加味した活動ができるように，教材の提示や指示の出し方に工夫を加えることを大切にする。
② 　未分化から分化への原則：最初は，「堅いと柔らかい」などの大まかな枠組みによる観察・分類から，徐々に程度差に着目した詳細な観察・分類などへと学習を深化させることができるように，教材の提示や指示の出し方に工夫を加えていくことを大切にする。
③ 　単純から複雑への原則：最初は，教材の示し方や指示の出し方を単純でわかりやすくして，子どもが簡単に反応できるようにするが，徐々に教材の量を増やしたり判断を要するような指示の出し方に変えて，学習が高度化していくようにする。
④ 　具体から抽象への原則：具体的なモノの探索操作を通して，「同じモノと違うモノ」の認識を深め，具体的な探索操作過程を通して抽象化を図っていくような教材配列を行うことを大切にする。例えば，最初は形も大きさも材料・材質も同じ二つの球を「同じ球」と認識させることから学習を始め，大

きさは同じだが材料・材質が異なる球を「同じ大きさの球」と認識させることへ，さらに大きさや重さや材料・材質が異なっても「同じ球」であるという認識へと発展させていくという概念形成の筋道を大切にするということである。
⑤　意識的行動から無意識的行動への原則：例えば，私たちが青信号を見た場合，ほとんど無意識のうちに横断歩道を歩き出す。これは長い間の生活の中で「青は安全の標識」という無意識の回路ができあがっているからである。しかし，最初からそのような回路が備わっていたわけではなく，「青は安全の標識」という点を何度も意識の上で確認して徐々に無意識の回路を育てているのである。こうした点を踏まえてカリキュラムを構成することを大切にする。

　以上が子どもの発達段階をも考慮してプログラムの順次性等を考える場合の一般的な原則ですが，こうした一般的な原則とともに，認知と動作の基礎支援という側面からプログラムを検討する場合，「弁別・尺度化・標識化」という一連の過程を大切にすることも視野に入れなければなりません。
　「第1章　認知と動作の基礎支援の意義」でも述べましたように，この種の支援の出発点は弁別学習ですが，これは概念行動を引き出すための最も基礎的学習であって，いつまでもこの弁別学習にとどまるわけにはいきません。弁別学習の基礎の上に分化した基準としての尺度を導入し，概念の枠組みをつくっていくことが大切ですし，さらに，この枠組みの中に様々な経験や体験を位置づけ，実際の行為に役立つレベルにまで高めていくことが求められます。こうした学習の過程を「弁別・尺度化・標識化」として位置づけることができます。認知と動作の基礎支援においては，この過程を大切にしたいので，以下においてはこの「弁別・尺度化・標識化」の学習過程について例をあげながら具体的に述べてみたいと思います。

2 弁別・尺度化・標識化

(1) 弁別の学習

　弁別の対象となるモノは，一般に一つでいくつかの属性（例えば，形・材質・材料・機能など）をもっています。例えば，スポンジボールは「球状である」「柔らかくて弾力性がある」「表面がざらざらしている」「軽い」「落とすと弾み，音がほとんどしない」「暖かい感じがする」などの属性をもっています。このうち，「球状である」というスポンジボールの形は別として，他の属性はスポンジの特徴（材質）であり，これらの特徴を総合して「スポンジであろう」という材料の判定がなされます。

　ところで，発達の初期の段階の子どもは，スポンジボールの中に含まれる数多くの属性を分析的にとらえることは困難で，なんとなくそれらしさを感じているにすぎません。このような段階の子どもには，属性の分離学習や，材料を決定する手がかりともなる材質の弁別学習を行い，モノをより詳しく観察したり，分析的にとらえたりする基礎を養い，さらにそれらを統合して材料の弁別や，モノの機能や状態などを判断する概念行動へと高めていく必要があります。

　材質などの弁別学習では，まず最初に「ざらざらとすべすべ」「堅いと柔らかい」「熱いと冷たい」「軽いと重い」など，差の明確な一対の材質を対比させてその違いに着目させ，それぞれの材質の概念をつくり，その概念に対応した言語を与えることから始めます。しかし，こうした基本的な属性の概念は，すでに獲得している子どもが多いので，概念と言語が確かなかたちで結びついているか否かを確かめる程度でよい場合も少なくありません。基本的な属性の概念と言葉がまだ結びついていないような子どもについては，この初期の段階の概念形成からしっかりとした支援が必要です。

　例えば，「柔らかい」という概念をつくる場合，いくつかのモノの共通の材質的属性として「柔らかい」という特徴を抜き出して認識させ，確かな認識に

対して「柔らかい」という言語を与えることが大切です。決して綿一つを与えて「柔らかい」という概念をつくるような支援は避けなければなりません。綿を「柔らかいもの」として手渡すと，最悪の場合は「綿は柔らかいモノである」あるいは「柔らかいモノは綿である」という認識が生まれることもあり得るからです。そのほかに「柔らかい」とは「手に何となくひっかかる感じ」「ちぎれるモノ」あるいは「軽いモノ」などと綿の他の属性として理解されることもあり得ます。そこで，「柔らかい」を教える場合，例えば綿とスポンジボールと柔らかい紙粘土というように，他の属性では異なるが，「柔らかい」という点では共通のモノを複数手渡す必要があるのです。しかし，渡すだけではなく，「柔らかい」というモノの性質を指導する場合は，これらの「柔らかい」モノの集合を操作的に観察させ，「綿のように柔らかい」「スポンジボールのように柔らかい」「紙粘土のように柔らかい」という状態を理解させていきます。また，「柔らかいモノには何があるか知っている？」と質問して，具体的なモノの名前を言わせるのも一方法です。いずれにしても，操作的に理解させることを重視し，「柔らかい」という言葉だけを先行して教えることは避けなければなりません。

　また，「柔らかい」という概念を形成させる段階においては，「柔らかいモノ：綿，スポンジボール，柔らかい紙粘土など」と「堅いモノ：木製積み木，陶器のコップ，金属製のスプーンなど」を対比させて示し，その違いの観察を通して対立概念を明確に形成させることも大切です。さらに，「柔らかい」と「堅い」という概念が形成されたと思われる段階においては，いくつかのモノを示して，「柔らかい仲間と堅い仲間に分けてみよう」と指示して仲間分けさせるのも一つの方法です。

　さて，材質の属性を分離して，それぞれの属性の明確な概念が形成された段階で，属性の程度差に着目する学習へと進みます。この学習では，身のまわりの具体物を提示し，一つの属性の程度差に着目して集合をつくったり，属性の程度差によって順序よく並べたり，あるいは同程度の属性を対にしたりする学習を行います。こうした一連の学習の中で，すでにもっているそれぞれの属性

に対する概念を強化したり，一層微細な程度差を観察できるように支援することが大切です。

また，二つないし三つの属性を組み合わせて，「冷たくて堅いモノ」「ざらざらして重くて冷たいモノ」などに該当するモノを箱の中から取り出させたり，あるいは，それらに該当するモノの集合をつくらせたりするのも効果的です。

次に，材料の弁別学習についてふれてみます。材料の弁別学習においては，それぞれの材料がもっている固有の材質的属性を総合的にとらえてどんな材料でできているかを決定するわけですが，この場合，材料と材質や形，あるいは機能などとの分離が必要となります。例えば，同じ形のコップを例にとってみますと，材料は，金属製，ガラス製，プラスチック製などと様々ですし，材料によって暖かさやざらつき等の感触は異なりますが，お茶やジュースなどを入れて飲むという「コップ」の機能は共通します。このように，同じ機能をもつ仲間の中において，材質に着目する分類，材料に着目する分類等ができることを理解させ，材質と材料の違いを認識させることが大切です。

また，箸，積木，下駄など，形や機能は異なるが，材料に着目すると同じ木製であるという認識を育てることも重要です。

このように，形や機能と分離させて材料を弁別させることは，かなり難しい課題ですが，日常生活の中で頻繁に遭遇する具体物を用いて，同じ材料のモノを対にしたり，同じ材料のモノの仲間分けをしたりして学習を進めることが効果的です。

以上，材質や材料の弁別学習を例にして，おおよその学習過程を概観しましたが，形や機能の弁別学習もこれらと同様にして進めることができます。

ところで，こうした一連の学習を通して，弁別に必要な操作技能を身につけさせる点を重視しなければなりません。そのためには，あらかじめ操作技能のポイントを指導者は明確にしておくことが大切です。例えば，粗滑の弁別に必要な手の操作技能のポイントには，およそ次のようなものが考えられます。

① 人差し指だけでなく，中指や薬指も使用すること。
② 指先に加える圧力の調整をすること。

③　指先でただ表面を滑るようになでるだけでなく，掃くような動きやつかむような動き，さらに親指と人差し指や中指を対応させて，表裏からつまんでこするような動きもできるようにすること。
④　2枚ないし数枚の触覚板などを比較する場合，両手で2枚ずつを同時に比較し，明確な弁別が困難な場合には，左右の手を置き換えて再検討すること。

　硬軟，軽重，温冷などの弁別学習においても，また視覚や聴覚，嗅覚などの学習においても，適切な操作のポイントをあらかじめ想定しておく必要があります。
　ここでは，弁別学習の進め方を触運動を例にして述べてきましたが，このような学習は，いうまでもなく触覚的観察を含む手による探索操作のみならず，他の感覚と無関係に行われてよいものではありません。保有する視覚の活用はもとより，聴覚等の手がかりをも動員して観察を深めることが大切です。我々の日常生活においては，常にあらゆる感覚を動員して情報の収集を行い，判断をくだすわけですから，認知と動作の基礎支援の段階においても，従的な位置にある感覚をも活用するような方向で指導を進める必要があるのです。

(2)　尺度化の学習

　弁別もある基準があって初めてできる作業ですから，その意味では尺度化の学習の中の一部として弁別学習を位置づけることもできます。いずれにしても，単純な弁別の作業から，順次性をもった弁別作業へ，さらに基準をもった弁別作業へと発展させて，日常生活や学習に役立つレベルにまで高めていく必要があります。ここでは，弁別をも含めて，尺度化の学習の筋道を，長さの学習を例にして考えてみたいと思います。

1)　名義尺度

　この尺度は，単に区別するために用いられる尺度で，異なった群やカテゴリーには，それぞれ異なった名称がつけられるという尺度です。例えば，子どもたちを男性と女性という二つのグループに分けて「男性グループ」「女性グル

ープ」と命名した場合，これは立派な名義尺度です。また，長さの異なる数本の竹ひごを長さの差によって二つの群に分け，長い竹ひごの群には，「長ひご」という名称が，短い竹ひごの群には「短ひご」という名称が与えられた場合，これは一つの名義尺度とみなすことができます。つまり，名義尺度は，前述した材質の弁別学習において，「堅いと柔らかい」を対にして，その違いに着目させ，これに名称を与える段階の学習と同一とみることができます。

2) 序数尺度

　この尺度は，名義尺度を基礎として程度差に着目し，さらに詳しく分類して順序を与える尺度です。これには，対象に順序づけがなされる場合と，分類したグループ間に順序づけがなされる場合とがあります。例えば，長さの異なる数本の竹ひごを，長いひご，やや長いひご，短いひごなどといくつかのグループに分けたり，1本1本のひごを長い順に順序よく並べたりした場合，これらは序数尺度とみなすことができます。この序数尺度も弁別学習で述べた「属性の程度差に着目する学習」と同じレベルのものとみることができるでしょう。

3) 距離尺度

　間隔の差がある程度位置づけられた尺度です。例えば，「机の横の長さは親指と人差し指をいっぱいに開いたときの長さ（あた）の5つ分で，縦の長さは3つ分である」というように，体の一部や身近にあるものを単位として比べることができる尺度です。また，A（10cm），B（20cm），C（30cm）という3本の竹ひごが与えられた場合，B＝2A，C＝3A，C－A＝Bなどの関係づけができる尺度でもあります。しかし，この距離尺度のレベルの測定は，客観的な数値で表現されたものではなく，あくまでも具体物や個々人の身体の一部を基準にした尺度だという点に留意する必要があります。

　長さや広さ，あるいは重さなどは，弁別学習の延長として距離尺度を導入した学習過程を用意する必要がありますが，粗滑（ざらざらとすべすべ）などでは，こうした距離尺度の導入が難しいものもあります。

4) 比例尺度

　CGS単位系を導入した客観的尺度を比例尺度といいます。つまり，ものさ

しで机の縦横の長さを測って，縦の長さ60cm，横の長さ80cmなどと客観的な測定をすること自体が比例尺度の導入なのです。この比例尺度の導入は，算数領域の学習内容となっていますが，認知と動作の基礎指導においては，この比例尺度を導入した後の学習を丹念に行う必要があります。それは端的にいって距離尺度を比例尺度で再構築するという学習です。例えば，距離尺度においては，「机の横の長さはあたの5つ分で，縦の長さは3つ分である」と自己の身体の一部を用いて測定しましたが，この「親指と人差し指をいっぱいに開いたときの長さ（あた）」がCGS単位で20cmであるならば，机の横の長さは100cm，縦の長さは60cmと概算することができます。視覚障害児は計量的な生活経験が乏しかったり，計器による測定を日常的に行うことが困難であったりというハンディキャップがありますので，身体の一部や身のまわりの具体物の中に，比例尺度で再構築された数多くの距離尺度をもち，必要に応じて日常生活の中での概念行動に役立てるようにすることが大切です。

5）生活に役立つ尺度の導入

　以上，4つの段階に分けて尺度構成の筋道を述べましたが，この筋道は，認知と動作の基礎支援を進める上での大きな方向性を示しているといえます。

　弁別学習の中で述べた属性の分離や，同じ属性を対比したり，集合をつくったり，順序よく並べたりする学習は，名義尺度や序数尺度を構成するためにも大切な学習として位置づけることができます。硬軟や粗滑などについては，尺度構成の学習の中では名義尺度や序数尺度のレベルの学習が中心となりますので，これらの学習を十分行い，実生活の中での概念行動に役立つようにその質を高めていけばよいわけです（図2-1-②）。

　一方，長さ・重さ・温度などに関しては，この弁別の範疇に属する名義尺度や序数尺度を基礎的経験として，自己基準としての距離尺度をつくり，さらにこの距離尺度に客観的基準である比例尺度のCGS単位を導入することによって距離尺度を再構成することが大切です。そうすることによって，身体の一部や身近なものを基準として，身のまわりのモノの長さや広さ，さらには重さなどを概測することができる力となっていくのです。

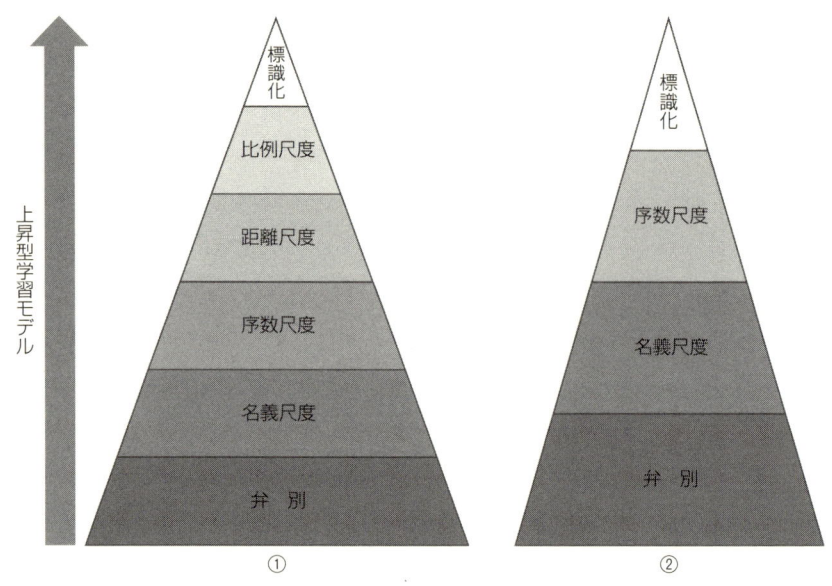

〈図2-1　弁別・尺度化・標識化の上昇型学習〉

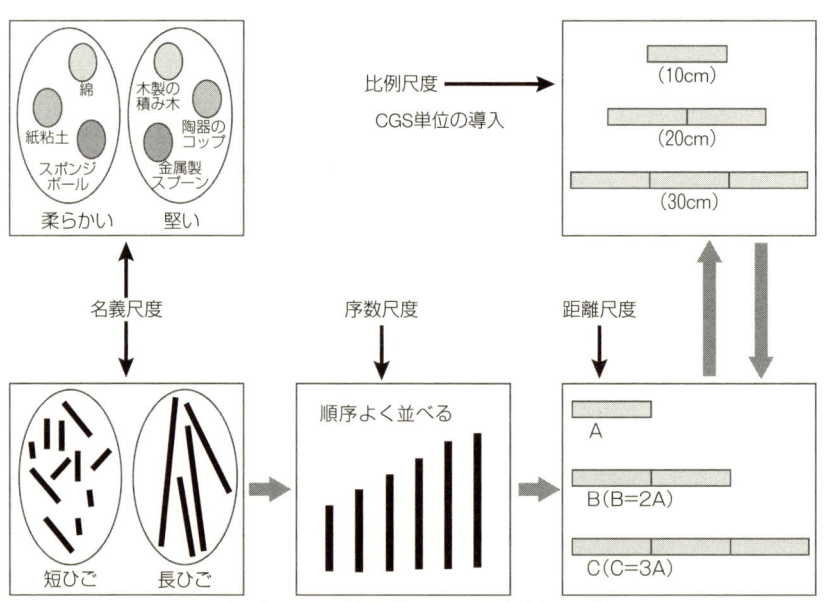

〈図2-2　尺度化の学習：長さの尺度化の例〉

30　第2章　プログラム作成に向けての検討

なお，尺度化の学習に関しては，簡潔に理解していただくために図を用意しましたので参考にしてください（図2-1，図2-2）。

(3) 標識化の学習

弁別学習や尺度化の学習において得た概念は，前述したように日常生活や学習の場において役立つものでなければなりません。そのためには，学習したもの相互の関連を図り，入手した情報に意味づけをしたり，予測したりできる能力を育てることが大切です。

標識化の一つの例として横断歩道の信号について考えてみたいと思います。横断歩道の信号機には多くの場合，赤・青・黄色の3色が用いられており，赤は危ないから止まれ，黄色は要注意，青は安全だから進んでよいという意味をもっています。つまり，赤・黄・青の3色の弁別の裏には，標識としてそれぞれの意味が託されているのです。このような標識は，単に色が弁別できれば認識できるというものではなく，色の弁別とともに，その裏に隠されている意味の理解が伴わなければなりません。

さらに例をあげると，やかんのふたがガスレンジの上でガタガタと鳴っている音は，単なるガタガタという音ではなく，湯の沸騰状態を表す信号として受けとめられ，ガスを切るという行為に結びつきますし，沸騰した湯をポットに入れる際の微妙な音の変化は，湯の入り具合を知る手がかりとなります。

以上の例のような関係づけや意味づけや予測などは，弁別したことと人間の日常生活とが結びついた大切な学習であり，これらは認知と動作の基礎支援における重要な学習の視点として位置づけられなければなりません。

以上述べたように，認知と動作の基礎支援が目指すところは，情報の関係づけや意味づけ，あるいは予測などを含めたかなり高いレベルのものであるといえます。したがって，幼児期のみならず，小学部全学年をも対象とした内容が考えられねばなりませんが，ここでは主として初期の段階における学習の実際的な進め方について具体的に述べていきます。

3　学習を構成する領域の構造

　視覚障害児と一口にいっても，視覚的な情報をかなり活用できる弱視児から，視覚的な情報をまったく活用できない全盲児まで非常に個人差が大きいわけですが，ここでは視覚的な情報をほとんど活用することができない全盲・明暗弁・眼前手動などの盲児を想定して，手による探索操作と空間表象の学習を進めるために，どのような内容の学習の領域があるかを考えてみたいと思います。なお，弱視児の場合も，基本的には同様の学習の領域が必要ですが，視覚が活用できる点を踏まえて，「手指の基本操作」のみならず「目と手の協応」などを重視することになりますので，若干異なることに留意する必要があります。弱視児のことに関しては機会があれば改めて述べたいと思います。
　さて，認知と動作の基礎支援を進める場合，どのような内容の学習のまとまり（領域）があるかをまとめたものが次の図2-3です。この図に関して少し解説を加えてみます。
　視覚的な情報を得ることが困難な盲児に対して，身のまわりにあるモノを詳しく観察する探索操作能力や観察能力を育て，空間の広がりや位置関係，空間の中に存在する様々なモノの形を把握したりできるようにするためには，いうまでもなく手指の基本操作の能力が不可欠です。しかし，この手指の基本操作の能力は，学習プログラムを組んで系統的に支援するという性格のものではなく，日常生活の諸行動や遊びの諸活動を通して培っていくことを基本にすえた方がよいように思えますし，また，上手に手指を活用して探索したり操作したりする技能や態度は，モノの属性の詳しい観察や形の概念形成，あるいは空間の広がりの概念等に裏づけられて発達するという側面も強いので，学習を構成する主な領域の外に位置づけ，プログラムをサポートするという構造にしました。もちろん，支援に当たる者は，手指の基本操作にはどのようなものがあるかを把握していて，どのレベルの操作能力が身についており，どのような点に問題があるかのチェックを行い，必要に応じて問題点を解消するための適切な

```
         ┌──────────────┐
         │ 手指の基本操作 │
         └──────┬───────┘
                ↕
┌─────────────────────────────────┐
│ ┌─────────────────────────┐     │      ┌──────────────┐
│ │ モノの属性の弁別と尺度化 │─────┼─────→│ 標識化へ発展 │
│ └─────────────────────────┘     │      └──────┬───────┘
│                                 │             ↓
│ ┌───────────────────────────┐   │      ╭──────────────╮
│ │ 身のまわりのモノの形のイメージづくり │──┼─────→│ 探索能力の向上 │
│ └───────────────────────────┘   │      │ 観察能力の向上 │
│                                 │      │ 空間表象の形成 │
│ ┌───────────────────────────┐   │      ╰──────┬───────╯
│ │ 比較的狭い空間のイメージづくり │──┼─────→│ 比較的広い空間のイメージづくり │
│ └───────────────────────────┘   │
└─────────────────────────────────┘
       学習を構成する主な領域
```

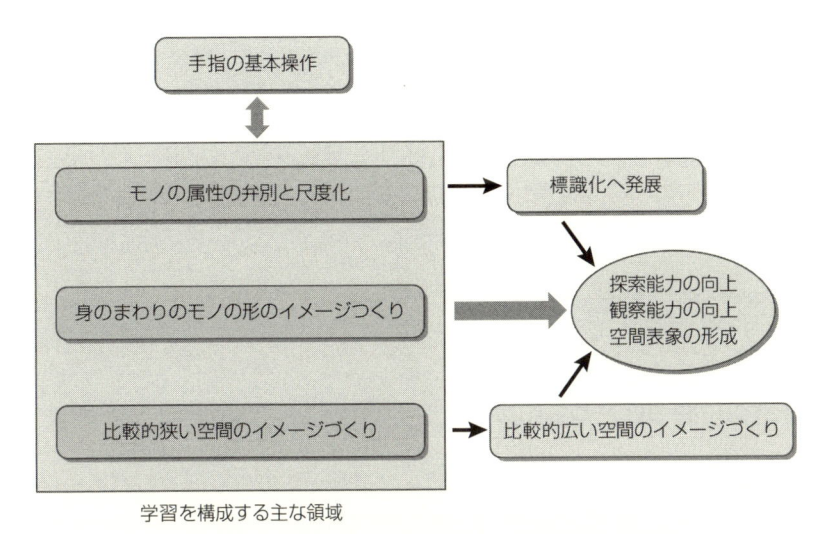

〈図2-3　認知と動作の基礎支援の学習を構成する領域〉

遊びや玩具等を取り入れることができるようにすることが大切です。

　さて，盲児の「探索能力の向上」「観察能力の向上」「空間表象の形成」を目指すための主な学習の領域としては，「モノの属性の弁別と尺度化」「身のまわりのモノの形のイメージづくり」「比較的狭い空間のイメージづくり」の三つが必要だと思われます。なお，学習を構成する主な領域には含まれませんが，「モノの属性の弁別と尺度化」の延長線上に「標識化への発展」を，「比較的狭い空間のイメージづくり」の延長線上に「比較的広い空間のイメージづくり」を位置づけました。これらは，少し高度な学習内容を含むので「認知と動作の基礎支援」の発展として位置づけた方が無難だと考えられるからですが，特に「比較的広い空間のイメージづくり」の学習は，空間概念を形成するための学習として非常に重要な位置を占めており，安全で効率的な歩行との関連も深く「比較的狭い空間のイメージづくり」と重複する部分もあるので，一体と考えて支援することが大切です。

第3章　認知と動作の基礎支援の学習プログラムⅠ
―モノの属性の認知を中心に―

1　手指の操作技能の学習

(1)　学習の位置づけとねらい等

　手指によってモノの属性を詳しく観察して認知する能力を高めるためには，何よりも基本的な手指の操作能力を身につけさせることが大切です。しかしながら，先にも述べましたように，上手に手指を活用してモノや周囲の状況を観察したりモノに働きかけて操作したりする技術や態度を身につけさせるためには，単に手指の活用法を会得させればよいという単純なものではありません。上手にモノや周囲の状況を観察してその状況を十分に把握するためには，様々な概念や空間の広がりの理解力等に裏づけられて初めてその力が発揮できるからです。したがって，ここに示す手指の操作技能の学習内容の枠組みは，この学習を独立した領域として単独に学習させるという性格のものではないということを再度確認したいと思います。こういうスタンスのもとでどのような枠組みで「手指の基本操作」を考えればよいかをまとめてみたいと思います。

(2)　手指の基本的操作技能の内容

　手指の基本操作技能としては，およそ次のようなものが考えられます。
① モノをつかむ・はなす
② 指でモノをつまんで引っ張る
③ モノを指先でひっかく
④ 対象をてのひらまたは指全体でたたく

⑤　てのひらと指でモノを握って振る
⑥　てのひらや指を使って対象をなでる
⑦　指先でモノをつまむ
⑧　指先で対象をこする
⑨　指先で対象をつまんでもむ
⑩　両手で紙などをつかんで破る
⑪　両手の指で紙などをつまんでちぎる
⑫　親指と人差し指などとでモノをつまむ・挟む
⑬　柔らかい粘土やスポンジボールなどをてのひらや指先でつぶす
⑭　柔らかい粘土などをてのひらや指先でのばす
⑮　てのひらや指先でチャイムなどを押す
⑯　指先で線やモノの縁をたどる
⑰　両手の協応により、直線や曲線に沿ってなめらかに手指を動かしてたどる
⑱　両手を協応させて、紙などをていねいに折る
⑲　両手指を協応させて対象を観察する
⑳　両手によって簡単な作業をする

(3)　支援や指導を進める上でのいくつかのヒント

1)　乳幼児期において手指を活発に動かすようにするための工夫

　生まれて間もない乳児や何らかの原因で寝たままの状態でいる子どもの手の運動は、稼働範囲が狭く、手はかじかんだ状態でほとんど運動の自発がみられない場合があります。これらの子どもに対しては、当面、てのひらに様々な刺激を与えてその刺激に慣れさせたり、寝ている状態でも腕を伸ばせば届くところに音の出る玩具などをつるし、腕を伸ばして玩具をつかみ、引っ張ったり放したりする運動の自発を促すように支援することが大切です。

2)　なでたりたどったりする運動を誘発するための工夫

　ひっかく・たたく・振るなどの運動から、平面や立体の表面をなでるなどの大きくゆったりとしたなめらかな運動へと変化させていくことが大切です。乳

幼児の場合，最初のうちは玩具などを与えても手指を動かして観察したり操作したりする運動がみられず，手が対象の玩具などから離れてしまったりしがちです。こういう子どもに対して手指の運動の自発を促し，喜んで観察したり操作したりできるようにするためには，座位で手を動かしやすい斜面机などを与え，その上に吸盤つきの玩具や食器などを固定したり，ゴムひもなどで玩具を固定したりして，机面の範囲の中で手を動かし，なでる・探す・たたく・振る・引っ張る・放すなどの手指の運動を誘発する遊びを支援することが大切です。

3）直線運動を誘発するための工夫

　肩や肘の関節を軸として起きる運動は，自然のままでは弓形状を呈するのが普通なので，対象となるモノの縁や直線をたどったりするためには，弓形状の運動を直線状の手の運動へと移行させることが大切です。この直線運動をスムーズに誘発させるためには，その目的を達成するための遊具の工夫が必要です。これらの運動の誘発は，障子やふすまの開閉など，日常的な動作を通しても体験させることができますが，最初の段階においては，「スライディングブロック」（ブロックが溝の中をすべるようになっていて，つかみ取ることができなくなっている）などの特別に工夫された教具を用いるのが有効です。このスライディングブロックに初めて接する盲児の多くは，どのようにそれを動かせばよいか戸惑うようですが，拒否反応がよほどひどくないかぎり，母親などの支援者が盲児の手を上から包み込むようにガイドして軽く動かすと，主体的に動かそうとする活動が芽生えていきます。徐々に支援活動を少なくしていくことによって，言葉の指示だけでもブロックをスムーズにすべらせることができるようになっていきます。このブロックの左右に音源をつけて，右端にスライドさせればチャイムが鳴り，左端にスライドさせればブザーが鳴るような仕掛けをつけると，さらに興味をもった盲児の活動を活発にすることができますし，手の運動を通して，左右の意識づけをすることにも役立ちます。

　さらに，スライディングブロックをすべらせる行動が十分に自発できるようになったら，ブロックを徐々に小さく切り，最後にブロックの高さと台の高さ

がまったく同じになるようにすると，手指の全体的直線運動から指先のみの直線運動へと移行させていくことができます。

このような直線的運動は，左から右へあるいは右から左へ，右手で・左手でというような可逆的操作や，一方の手を出発点に置いてもう一方の手でたどったり，一方の手がたどった線をもう一方の手が追跡して確かめるなど，両手の協応ができるようにすることも大切です。

4）円運動を誘発するための工夫

腕を大きく回せば円運動になりますが，意図的に円運動を意識させないとなかなかこの運動を誘発させるのは困難です。そこで，ハンドル回しや自転車のペダル回しなどを通して円運動をコントロールし，同時に円運動のイメージを育てていくという方法が考えられます。この場合，例えばペタルを回すことによって「ヒューヒュー」といった音が出るように工夫すれば，遊びとしての興味づけに有効です。

5）遊具や道具等を用いた遊びの促進

遊具や道具等を用いた日常的な遊びの活動は，手指の基本操作の発達に何よりも大きな力となります。したがって，できるかぎり早い時期からあらゆる場面で遊具や道具で遊ばせる機会をつくり，手指の運動の分化を促していく努力が大切です。また，手遊び歌（例えば，「あたま・かた・ひざ・ぽん」「あんパン食パン」「大きくなったら」「おにのパンツ」「おべんとうばこの歌」等）を活用して，基本的な手指の動きを促進することも大切です。

なお，前述したように「認知と動作の基礎支援」のプログラムを実施することは，手指の基本操作の促進にもつながることをもう一度確認しておきたいと思います。

2　モノの属性の弁別と尺度化の学習

(1)　学習の位置づけとねらい等

　モノの属性の弁別と尺度化の学習は，モノが固有にもつ多様な属性の一つ一つに着目して，「柔らかいと堅い」「長いと短い」「ざらざらとすべすべ」等の概念を形成することから始めて，手指によって材質や材料等の側面からモノを詳しく観察するスキルを身につけ，概念の枠組みの陶冶を図る目的で行う学習活動です。モノが固有にもつ多様な属性の一つに形もありますが，立体や平面の形の詳しい概念をつくる学習は別立ての「身のまわりのモノの形のイメージづくりの学習プログラム」として考えることとしますが，モノの属性の一つの側面として，ここでも「丸・三角・四角」など基本的な形の概念に関して若干取り上げ，分類操作ができるように考えていきます。

(2)　モノの属性の弁別と尺度化の学習内容

　以下に示す学習内容は，ある程度易から難へを考慮して配列していますが，具体的な学習を進める場合，必ずしもこの順序にこだわる必要はありません。子どもたちの理解の程度や反応の状態を見極めて，支援方法や教材提示の順序を臨機応変に変更していただきたいと思います。

1）属性に着目した一対一対応の見本合わせ（図3-1）

　見本として示したモノと同じ属性（図3-1-①では同じざらつきのペーパー）のモノを複数の中から選んで一対一対応させるという学習です。図3-1-②に示した音などの見本合わせも同様に行います。

2）基本形に着目した一対一対応の見本合わせ（図3-2）

　見本として示した形と同じ形を，いくつかの形の中から選んで一対一対応させる学習です（図3-2-①では丸が見本）。この場合，同じ四角の形にも長四角と真四角があること（図3-2-②）や，同じ形にも大きさの異なる形があること

見本

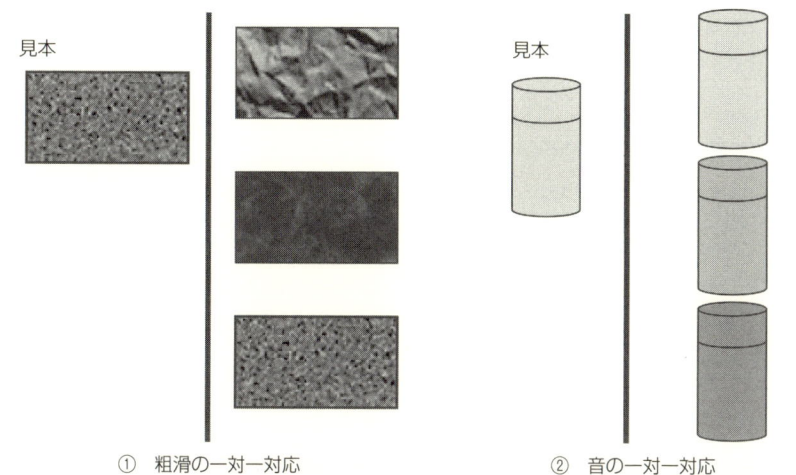

① 粗滑の一対一対応
（左の見本と同じざらつきのペーパーを右の
いくつかの中から選んで一対一対応させる）

見本

② 音の一対一対応
（フィルム缶等に砂や米，豆などを入れ，左
の見本と同じ音が出る缶を右のいくつかの缶
から選んで一対一対応させる）

〈図3-1　属性に着目した一対一対応の見本合わせ〉

見本

見本

② 真四角と長四角の違い

見本

① 基本形に着目した一対一対応
（左の見本と同じ形を右の形の中から選んで
一対一対応させる。この場合，形の名前も確
認する）

③ 大きさの違いに着目した一対一対応

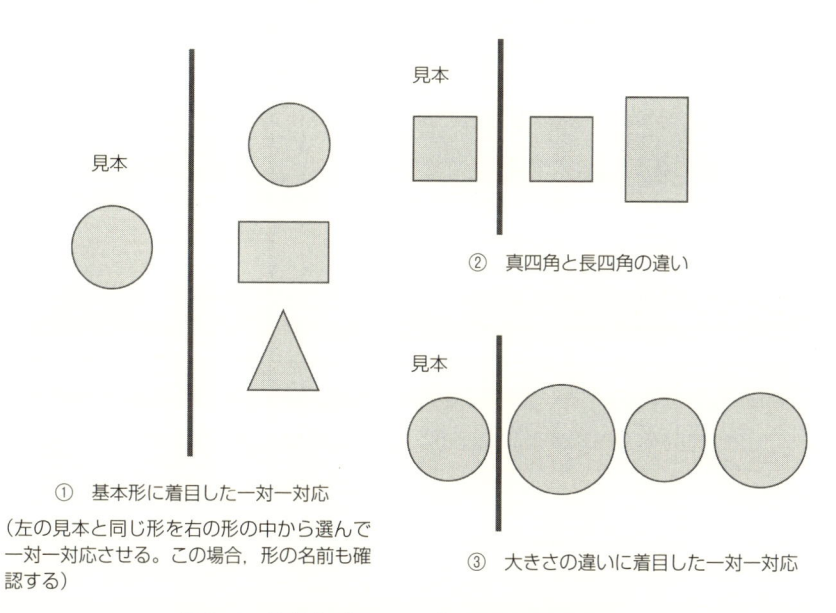

〈図3-2　基本形に着目した一体一対応の見本合わせ〉

2　モノの属性の弁別と尺度化の学習　39

（図3-2-③）も一対一対応を通して理解させるとよいと思います。この場合，「形も大きさも同じ」モノは，「ぴったりと重なる」ということを体験的に理解させることが大切です。

3）属性に着目した複数のモノの一対一対応（図3-3）

図3-3-①は，3種類のざらつきの異なるペーパーを見本として，それぞれの見本と同じざらつきのペーパーを選ぶという課題です。簡単な課題のようですが，「順序よく探す」ための要領を身につけさせないと混乱してしまう課題でもあります。最初に見本として提示されているペーパーがいくつあるかを明確に認識させ，次いで見本の一つを手に持ってそれと同じざらつきのペーパーを順序よく探していくためのコツを学習させることが大切です。最初にコツを身につけるまでは，焦らずゆったりと時間を取ってていねいな指導を行ってください。

図3-3-②は，3種類の音を見本とした学習ですが，この学習においても，「順序よく探す」ための要領を身につけさせることに心がけることが大切です。

① 複数の粗滑の一対一対応
（左の見本と同じざらつきのペーパーを右の中から選んで一対一対応させる）

② 複数の音の一対一対応
（左の見本と同じ音が出る缶を右の缶から選んで一対一対応させる）

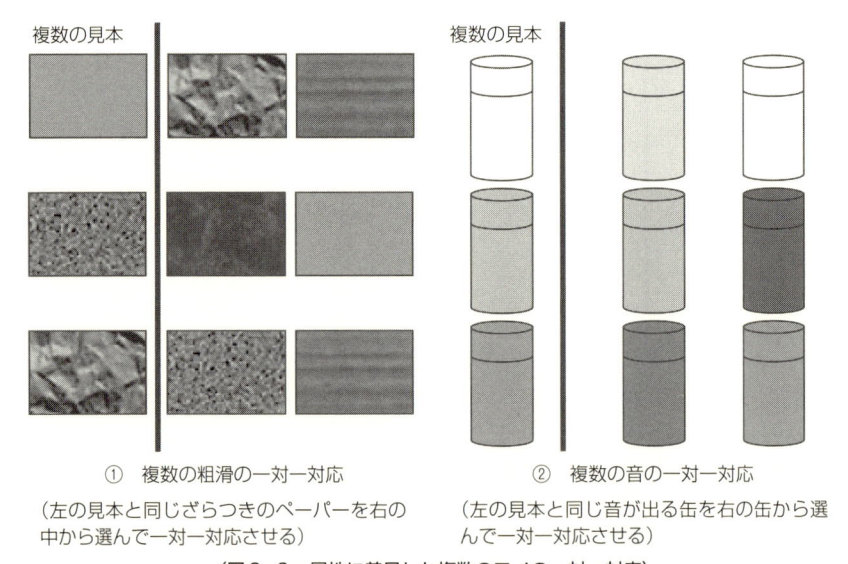

〈図3-3 属性に着目した複数のモノの一対一対応〉

4）基本形に着目した複数の形の一対一対応（図3-4）

見本として示した複数の形を観察して，それと同じ形（合同な形）をそれぞれ一対一対応させるという学習です。図3-4-①では，見本として示した正方形，円，正三角形のそれぞれと合同な基本形を6つの図形の中から探すという課題，図3-4-②では，楕円形，長方形，直角三角形のそれぞれと合同な基本形を6つの図形の中から探すという課題です。

この学習においても，「3）属性に着目した複数のモノの一対一対応」と同様に，「順序よく探す」ことや「形も大きさも同じ」モノは「ぴったりと重なる」点を操作を通して理解させることが大切です。

5）基本的な概念形成（図3-5）

「柔らかいと堅い」「長いと短い」「ざらざらとすべすべ」「重いと軽い」「温かいと冷たい」「ふわふわとごつごつ」等，差の明確な属性をもつモノの集合体を観察させて，実態と言葉を結びつけ，基本的な概念をつくる学習です。

図3-5-①では，「柔らかいモノのグループ」と「堅いモノのグループ」を

① 複数の形の一対一対応
（「形も大きさも同じモノを探しなさい」という指示で順序よく探させる）

② 複数の形の一対一対応
（「形も大きさも同じモノを探しなさい」という指示で順序よく探させる）

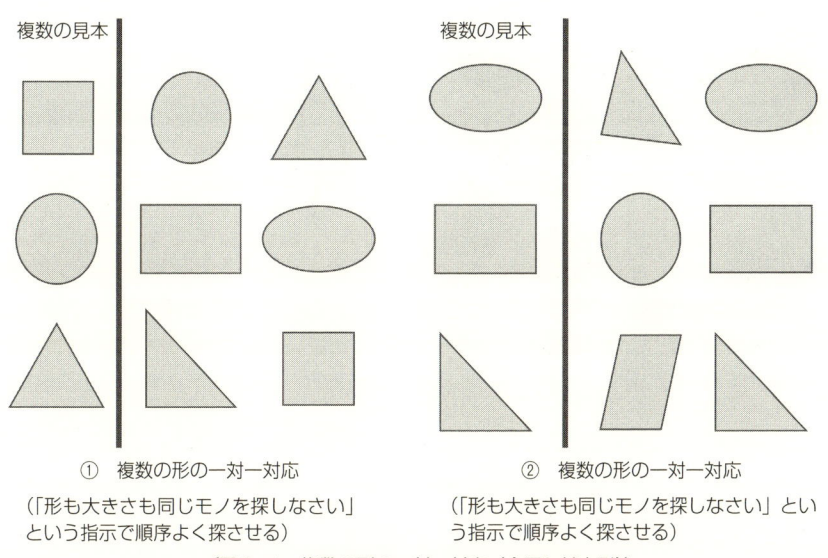

〈図3-4　複数の形の一対一対応（合同な基本形）〉

観察させて、どんなモノがグループに入っているかを確かめさせます（例えば、「柔らかいモノのグループ」には、毛糸玉・マシュマロ・スポンジボール・綿が、「堅いモノのグループ」には、石ころ・ガラス玉・鉄アレイ・お茶碗がそれぞれ入っている）。それぞれのグループに入れるモノは、できれば子どもたちがよく知っているモノが望ましいのですが、知らないモノがある場合は、まずどんなモノかを教えていただきたいと思います。

次に、それぞれが「どんな感じの仲間」かを尋ねて「柔らかい仲間」、「堅い仲間」という言葉を引き出します。以後の学習において、「仲間集め」などは大切な学習になりますので、ここで「仲間」という意味をしっかりと身につけさせることが大切です。

また図3-5-②では、グループごとのひごの長さの特徴を認識させることが大切ですから、それぞれのグループには、明らかに長さの異なるひごを用意する必要があります。まずそれぞれのグループのひごを観察させて、「どんな感じの長さのひごが入っているかな」と質問し、「長いひごの仲間」、「短いひご

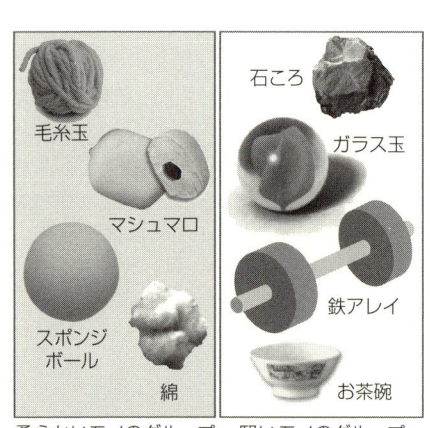

① 「柔らかい」と「堅い」の概念
（「柔らかいモノのグループ」と「堅いモノのグループ」を対比させて、それぞれの特徴をつかみ、概念をつくる）

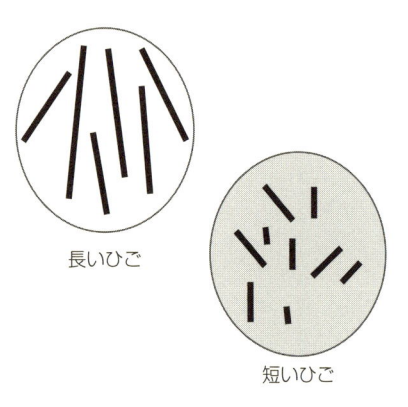

② 「長い」と「短い」の概念
（「長いひごのグループ」と「短いひごのグループ」を対比させて、それぞれの特徴をつかみ、概念をつくる）

〈図3-5　基本的な概念形成の例〉

の仲間」という言葉を引き出します。

なお図3-5-①については，最初はすべてのモノを同じ箱の中に入れて示し，「二つの仲間に分けてみてください」とか「柔らかい仲間と堅い仲間に分けてください」という指示で仲間分けさせる活動も興味深い学習になります。

6) 食べられるモノと食べられないモノ（図3-6）

子どもたちがよく知っているモノについて，「食べられるモノ」と「食べられないモノ」とに仲間分けさせる学習です。

果物や野菜などを学習の場に持ち込むのは容易ではありませんが，レプリカは避けて本物で学習させたいものです。

さて，図3-6に示したモノについては，最初にそれぞれの名称を言わせてみて，理解度をチェックする必要があります。もし知らないモノがある場合は，ていねいに用途や名称を教えます。その後，「二つの仲間に分けてみよう」とか「食べられるモノと食べられないモノとに分けてみよう」などと指示して仲間分けさせます。

〈図3-6　食べられるモノと食べられないモノ〉

また逆に,「食べられるモノ」と「食べられないモノ」とに仲間分けされた集合体を観察させて,どのような仲間かを言葉で説明させる活動も興味深い学習になります。

7) 食べ物の種類による仲間分け（図3-7）

　子どもたちがよく知っているいくつかの食べ物を,種類によって仲間分けさせる活動です。図3-7-①では,果物（リンゴ,柿,みかん）,パン（食パン,コッペパン,ロールパン）を示して,「みんな食べられるモノだよね。これを二つの仲間に分けてみよう」と指示して仲間分けさせます。活動の前に,それぞれの食べ物の名前を知っているかどうか確かめて,知らない食べ物は教えてやるようにします。図3-7-②では果物と野菜を,図3-7-③では果物と野菜とパンをそれぞれ仲間分けさせる活動として示しましたが,子どもの実態に応じて食べ物の種類や数を変えて実施してもらいたいと思います。

　また,果物と野菜等に仲間分けされた食べ物を観察して,どのような仲間かを言葉で説明させる活動も大切です。

① 果物とパンの仲間に分ける活動
② 果物と野菜の仲間に分ける活動 
③ 果物,野菜,パンの仲間に分ける活動 

〈図3-7　食べ物の種類による仲間分け〉

食事のとき使うモノと洗面のとき使うモノ

〈図3-8　モノの機能による仲間分け〉

8) 機能による仲間分け（図3-8）

　よく知っているいくつかの日用品や道具を，機能によって仲間分けさせる活動です。図3-8では，「食事のとき使うモノ」と「洗面のとき使うモノ」などと，機能によって仲間分けさせます。この場合も，まず一つ一つの品物の名前と用途を知っているかどうか確かめた後，「仲間に分けてみよう」とか「二つの仲間に分けてごらん」とか指示して仲間分けさせます。指示した意味がわからない子どもの場合は，「洗面のとき使う仲間と食事のとき使う仲間に分けてごらん」と指示します。

　また，仲間分けされた日用品や道具を観察して，どのような仲間かを言葉で説明させることも大切です。

9) 相似な基本形の仲間分け（図3-9）

　大きさの異なるいくつかの円・正三角形・真四角を，形に着目して仲間分けさせます。この場合の指示は，「仲間に分けてください」「三つの仲間に分けましょう」「丸と三角と四角の仲間に分けましょう」など様々に考えられますが，

2　モノの属性の弁別と尺度化の学習　　45

〈図3-9　相似な基本形の仲間分け〉

① コップのざらつきによる仲間分け　　② ペットボトルの温かさによる仲間分け

〈図3-10　材質に着目した仲間分け〉

子どもの理解力などの実態に応じて指示の出し方を工夫することが大切です。ここでは，大きさが違っても同じ形であるということを理解させる程度にとどめます。

なお，大きさだけでなく厚さや材質が異なっても同じ形であるという認識を育てるために，提示する形の素材を工夫することも大切です。

10) 材質に着目した仲間分け（図3-10）

同じ機能をもつモノを，材質に着目して二つの仲間に分けさせる活動です。図3-10-①では，「コップを二つの仲間に分けてごらん」とか「コップのざらつきをみて二つの仲間に分けてごらん」などと指示して仲間分けさせます。また図3-10-②では，表面の温かさ（温かいペットボトルと冷たいペットボトル）に着目して①の場合と同様に仲間分けさせます。

また，仲間分けされたコップ（ざらざらしたコップとすべすべしたコップ）やペットボトル（温かいペットボトルと冷たいペットボトル）を観察して，どんな仲間かを考えさせるという活動も大切です。

11) 材料に着目した仲間分け（図3-11）

同じ形と機能をもったモノを，材料に着目して仲間分けさせるという活動です。図3-11では，ガラス，陶器，紙のコップをそれぞれ3個ずつ用意し，「三つの仲間に分けてごらん」とか「コップが何でできているかで仲間に分けてごらん」などと指示して仲間分けさせます。

また，ガラスコップ，陶器コップ，紙コップに分けた状態を観察して，どのような仲間に分けているかを言葉で表現させることも大切です。

12) 一つの属性に着目した順序づけ（図3-12）

いくつかのモノを，長さ・重さ・柔らかさなど，一つの属性に着目して順序よく並べさせる活動です。図3-12-①では，長さに着目して短いひごから長いひごへと順序よく並べるという活動を行わせます。また，図3-12-②では，ペットボトルの重さに着目して順序よく並べさせます。

なお，順序よく並べられたモノを観察して，どのような観点で並べられているかを言葉で説明させる活動も大切です。

ガラス，陶器，紙のコップをそれぞれ3個ずつ準備

〈図3-11 材料に着目したコップの仲間分け〉

ひごを長さの順に並べる　ペットボトルを重さの順に並べる

ペットボトルに砂など
を入れて重さを調整

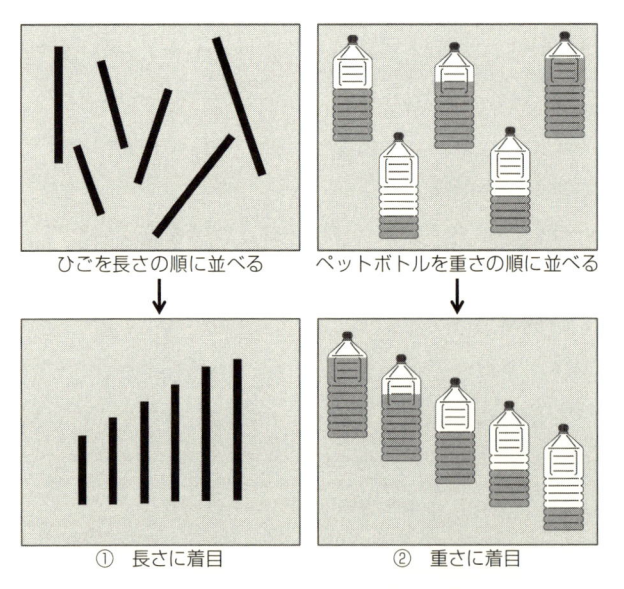

① 長さに着目　　② 重さに着目

〈図3-12 一つの属性に着目した順序づけ〉

48　第3章 認知と動作の基礎支援の学習プログラムⅠ

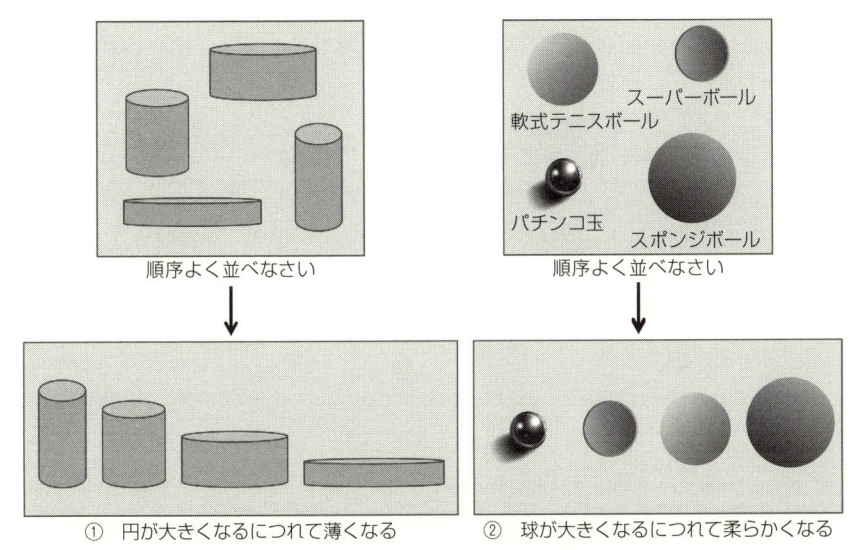

〈図3-13 二つの属性に着目した順序づけ〉

① 円が大きくなるにつれて薄くなる　② 球が大きくなるにつれて柔らかくなる

13) 二つの属性に着目した順序づけ（図3-13）

　いくつかのモノを，二つの属性に着目して順序よく並べさせる活動です。図3-13-①は，円の大きさと厚さという二つの属性に着目して順序よく並べる活動です。「順序よく並べてごらん」という指示で活動を行わせ，並べ終えたら，「円が大きくなるにつれて厚さが薄くなる」という順次性を言葉で説明させます。

　また，図3-13-②は，球の大きさと堅さという二つの属性に着目して順序よく並べる活動です。並べ終えたら，「球が大きくなるにつれて柔らかくなる」という順次性を言葉で説明させます。

　なお，二つの属性の観点で順序よく並べられたモノを観察して，どのように順序よく並んでいるかを言葉で説明させるのも大切な活動です。

14) 身近な具体物を基準とした測定（図3-14）

　親指と人差し指をいっぱいに開いたときの長さや積み木の縦の長さなど，身近なモノを基準として，机の縦と横の長さなどがそのいくつ分に当たるかを調

基準とする積み木

① 積み木を用いて，机の縦と横の長さを調べる

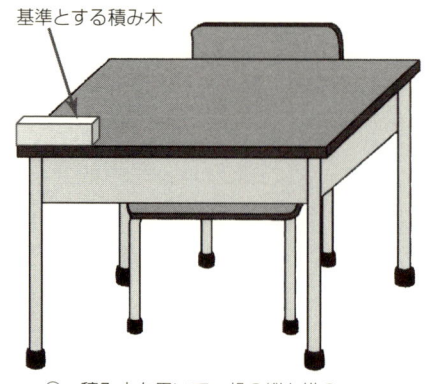

② てのひらをいっぱいに開いたときの親指から人差し指の長さを用いてモノの長さを調べる

〈図3-14　身近な具体物を基準とした測定〉

べさせる測定の活動です。このような身近な具体物を基準とした測定を「距離尺度」といいます。

　図3-14-①は，積み木を使って机の縦と横の長さを比べる活動です。「机の縦は積み木の長さの3つ分で，横は積み木の長さの4つ分」という関係を理解させます。また図3-14-②のように，親指と中指をいっぱいに開いたときの長さ（あた）を基準として，そのいくつ分かを調べる方法も身につけさせるとよいと思います。

　なお，卵1個分の重さは，おおむね60グラム程度ですから，体重測定の折に，「前に測定したときよりも卵1個分体重が増えたね」などというように，卵をてのひらにのせて増えた体重を体感させるというような配慮も大切です。

15）竹ひごによる長さの関係の理解（図3-15）

　例えば，a（30cm）の竹ひご2本，b（20cm）の竹ひご2本，c（10cm）の竹ひご3本を用いて，この3種類の長さの竹ひごがどのような関係かを調べさせる活動です（距離尺度）。

c：10cmの竹ひご
b：20cmの竹ひご
a：30cmの竹ひご

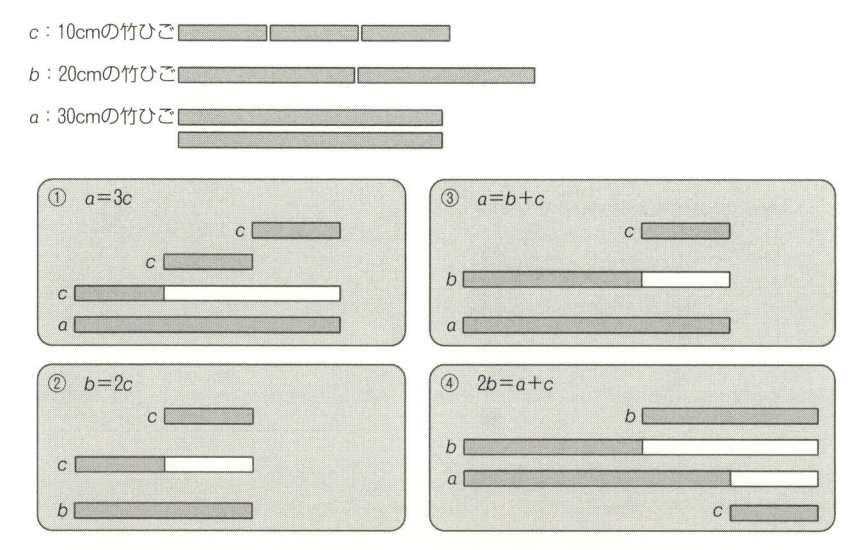

① $a=3c$
② $b=2c$
③ $a=b+c$
④ $2b=a+c$

〈図3-15　竹ひごによる長さの関係の理解〉

　この場合図3-15に示すように，①「a は c の三つ分の長さ：$(a=3c)$」，②「b は c の２つ分の長さ：$(b=2c)$」，③「a は b と c を合わせた長さ：$(a=b+c)$」，④「b の２つ分の長さは a と c を合わせた長さ：$(2b=a+c)$」などという関係をみつけさせます。このほか，子どもの自由な発想によって，関係をみつけさせると，活発な活動を引き出すことができます。

16）客観的な基準による距離尺度の再構築（図3-16）

　「14）身近な具体物を基準とした測定」において用いた「積み木」や「親指と中指をいっぱいに開いたときの長さ（あた）」に，客観的な基準であるCGS単位を導入し，センチメートルを用いて概算できるようにすることをねらいとした活動です。

　例えば，図3-14-①で用いた積み木１つ分の長さが15cmだとすると，「その４つ分に相当する机の横の長さは約60cm，３つ分に相当する縦の長さは約45cm」という概算ができるように指導するのです。これは身近な距離尺度を比例尺度の導入によって再構築し，おおよその概算ができる力を培う上で大切

基準とする積み木
の長さは15cm

約20cm

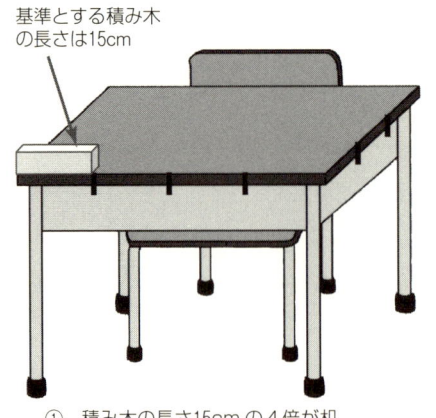

② てのひらをいっぱいに開いたときの親指から人差し指の長さ（あた）は約20cm

① 積み木の長さ15cmの4倍が机の横の長さ（60cm），3倍が机の縦の長さ（45cm）

〈図3-16　身近な具体物を用いた測定〉

な活動として位置づけることができます。特に盲児は，計器による測定に困難を伴う場合が多いので，こうした概算の力を培うことが大切です。

17) 広さの概算（図3-17）

1 m^2の広さの段ボールをたくさん用意し，それを教室に何枚敷き詰められるか調べさせる活動です（比例尺度・距離尺度）。図3-17に示すように，縦と横に段ボールを敷き詰めるだけで全体に何枚敷き詰められるかを知ることができる点を理解させるとよいでしょう。この活動によって教室の広さを体験的に実感させ，「音楽室の広さは教室の約1.5倍の広さ」「レクリエーション室の広さは教室の2倍の広さ」というように，広さを予測して確かめる際の基準として用いられるようにします。

18) 重さの保存（図3-18）

同じ重さの粘土玉を用いて，形や底面の広さをいろいろ変えて重さの感じ方を調べさせる活動です。こうした活動を通して，「同じ重さの粘土玉でも，形や底面の広さ等によって重さの感じ方が異なる」ことを体感させます。したが

教室の床面

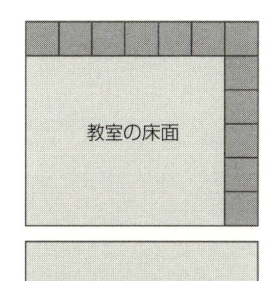

1 m²の段ボール
横に7枚，縦に6枚敷き詰められるので，全体で42枚の広さ

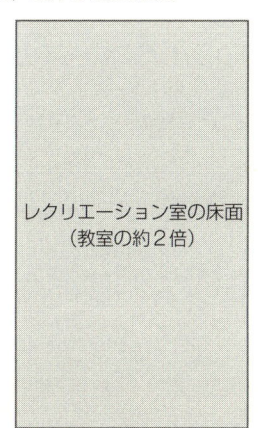

音楽室の床面
（教室の約1.5倍）

レクリエーション室の床面
（教室の約2倍）

〈図3-17　広さの概算〉

同じ重さの粘土玉aとb

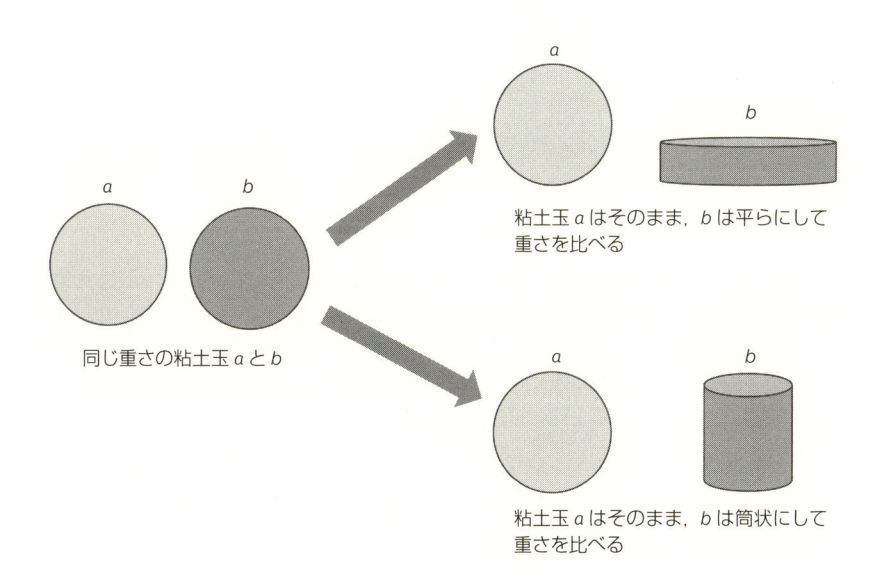

粘土玉aはそのまま，bは平らにして重さを比べる

粘土玉aはそのまま，bは筒状にして重さを比べる

〈図3-18　重さの保存〉

2　モノの属性の弁別と尺度化の学習

って，感じ方だけで重さの比較をするのは難しいことを理解させます。また，重さを比べるときは，左右の手に持ち替えて調べたり，てのひらを上下に動かして調べたりする方法も体験させます。

(3) 支援や指導を進める上でのいくつかのヒント

1) 子どもの実態に応じた指示の出し方の工夫

　教師や支援者がどのような活動や取り組みを求めているかが子どもに十分伝わるようにするため，例えば「同じ仲間を集めてみようよ」とか「長い順番に並べてみようね」というように，わかりやすく適切な言葉かけをすることが大切です。しかしながら，言葉の説明だけではわからない場合は，手を添えて実際の活動をやってみせ，どのような活動が求められているかを理解させるようにします。

　このように，最初はどのような活動や取り組みを教師や支援者が要求しているかが明確に子どもたちに伝わるような教材の提示や指示の出し方を工夫する必要がありますが，徐々に目標とする活動や取り組みの方向を大まかに示して，子どもたちの判断や思考や工夫を大切にした活動や取り組みができるような教材の示し方や指示の出し方をすることに心がけることが大切です。

2) 効率的な分類整理のための枠づくりの工夫

　いくつかのモノを手指で観察して活動する場合，どの範囲のモノを観察すればよいのかが明確にわかるようにするため，観察対象のモノが入るのに十分な広さの箱などを用意するとよいでしょう。また，仲間分けなどを行う場合は，図3-19のような分類箱（適切な大きさのいくつかの段ボール箱でもよい）を用意すると効率的な活動を行わせることができます。

3) 試行錯誤から効率的な活動への深化を大切に

　順序よく並べたり仲間分けしたりする活動は，最初，試行錯誤を伴いますが，何回かの試行を通してより効率的で効果的なやり方を発見できるようにヒントを与えたり励ましたりしていくことが大切です。

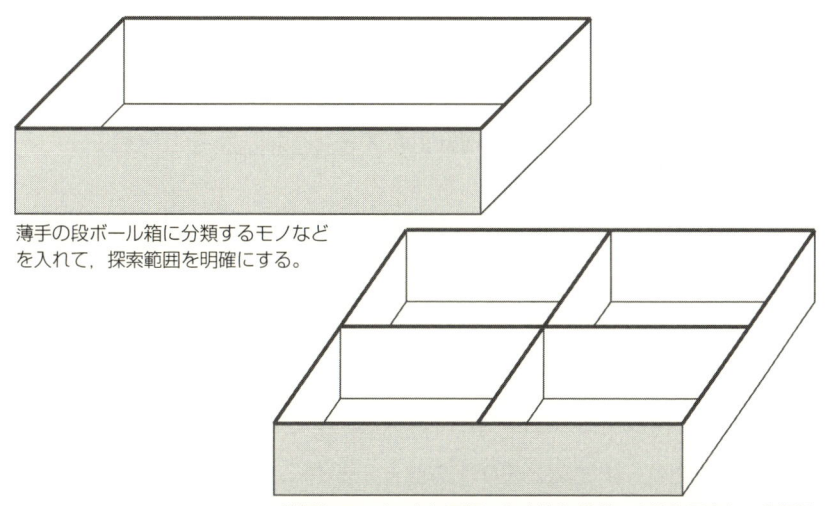

薄手の段ボール箱に分類するモノなどを入れて，探索範囲を明確にする。

仕切りでいくつかに区切った木箱か段ボール箱を用意し，分類活動などをさせると効果的である。

〈図3-19　探索活動を補助するための分類箱など〉

4) 明確な概念に裏づけられた名称の付与

　分類整理などの活動を通して概念が明確になれば，その概念にふさわしい名称を与えることが大切です。しかし，概念が明確になる前に先行して名称を与えるような指導は避けなければなりません。また，円錐形の「とんがり帽子」を「三角帽子」などと命名すると，触覚的な観察による認識とのギャップが大きいために，盲児の概念形成に混乱を生ずる場合がありますので，留意することが大切です。

第4章　認知と動作の基礎支援の学習プログラムⅡ
―身のまわりのモノの形のイメージづくりを中心に―

1　学習の位置づけとねらい

　視覚的に観察する場合は，モノの形などの全体と部分の関係を一望のもとにとらえることができます。ところが，触運動によってモノの形などをとらえる場合は，継続的な一定時間の観察を必要とします。このような観察をここでは「継時的観察」と呼びます。ところで，継時的観察によっても視覚的な観察と同じような全体像が明確にとらえられるわけではありません。触運動による継時的な観察は，観察部分が刻々と変わりますので，その断片的な部分部分の観察を頭の中でつなぎ合わせなければ，全体としてまとまりのあるイメージをとらえることができないからです。このことは，目隠しをして少し大きくて複雑な形をさわって観察してみるとすぐに納得できることではないでしょうか。目で見る世界と触覚で観る世界とはかなり異なることを，こうした経験からも理解できるのではないかと思います。

　それでは，触運動による継時的観察によって，頭の中に全体像をイメージ化するにはどのような体験的活動が必要なのでしょうか。それには継時的観察によってさわったモノを頭の中でイメージ化しやすい枠組みをつくることが大切です。ここで紹介する活動プログラムは，この枠組みづくりをねらいとしたものです。

　では，一体この枠組みとはいかなるものなのでしょうか。私たちの身のまわりにある具体物の多くは，基本形態（基本的な立体）に近い形をしていたり（四角柱：ティッシュペーパー箱・冷蔵庫・タンス等，円柱：缶詰・茶筒・ゴミ箱等），基本形態の変形であったり（球：リンゴ・カボチャ・ウリ等，円柱：牛乳瓶・湯飲み・ロール

ケーキ等，四角柱：牛乳パック・大型バス等），基本形態の組み合わせであったり（こけし：円柱と球の組み合わせ，犬小屋：三角柱と四角柱の組み合わせ）するものが多くみられます。そのため，基本形態のイメージを明確にして，それとの関係で具体物を観察すれば，頭の中に明確なイメージをつくることができるのではないかという仮説が思い浮かびます。これから紹介する活動プログラムは，この仮説のもとで行った実践的研究から生まれたものです。対象児は，幼稚部の4・5歳児，小学部1～4年生ですが，この年齢にこだわる必要はありません。

　この一連の活動においては，まず盲児が興味をもって手指で操作しやすい対象として立体的なモノの観察からスタートし，立体的なモノの形の概念がある程度明確になった段階で，それとの関連で平面的な形を理解させていくという方向のプログラムを組んでいます。しかし，前にも記しましたように，平面的な形である「丸・三角・四角」は立体的なモノの形をとらえる上での基本ともなりますので，立体的なモノの形の観察に先立って理解させることとしました。

　立体的なモノの形と平面的な形との関係づけは，投影的手法や展開図的手法を用いて行いますが，最終的には，「トンネル法」という特別な方法を用いて立体的なモノの形を平面的に書き表した見取り図や簡単なイラストなども理解できるようにしたいということを意図しました。こうした活動の大きな流れを図示したのが図4-1です。

　こうした考え方のもと，後述する活動内容で基本形態の明確なイメージをつくり，基本形態との関係で具体的なモノの形を理解させるという実践活動を続けていた頃のエピソードを一つ紹介しておきます。それは，幼稚部のお誕生会に招待された時のことです。歌やお遊戯など一連のセレモニーがすんで会食が始まりました。会食には，巻き寿司等を含むごちそうやショートケーキなどのデザートも用意されていて，年中と年長の10名近い盲幼児たちが思い思いにごちそうを口にしていました。そんな時，ある盲幼児が巻き寿司を手にして「先生，これ円柱」と叫びました。ジュースの入った紙パックを手にした盲幼児は「先生，これ四角柱」と叫んでいます。その時，別の盲幼児がショートケーキを指先で上手に観察して「先生，これ三角柱だよ」と叫んだのです。特に，シ

1　学習の位置づけとねらい　57

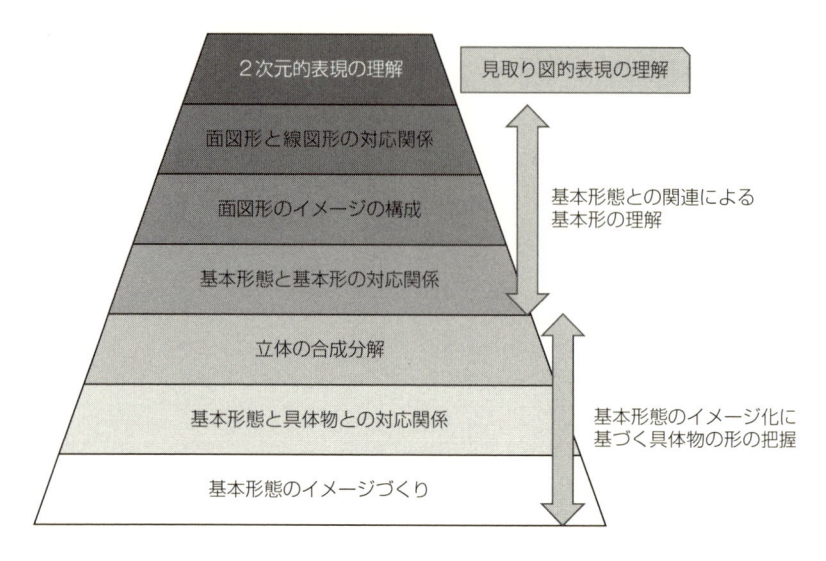

```
        ２次元的表現の理解         見取り図的表現の理解
       面図形と線図形の対応関係
       面図形のイメージの構成              基本形態との関連による
                                    基本形の理解
      基本形態と基本形の対応関係
          立体の合成分解
      基本形態と具体物との対応関係           基本形態のイメージ化に
                                    基づく具体物の形の把握
         基本形態のイメージづくり
```

〈図4-1　モノの形のイメージづくりの流れ〉

ョートケーキは柔らかいので，指先で軽くふれて何箇所かの観察しかできないはずなのに，実に的確に全体的な形のイメージをとらえているのです。これには非常に感激しました。そして，こうした一連の学習の効果を確信するとともに，概念の枠組みがしっかりできた段階では，触覚的な観察は必ずしも継時的なものではなく，部分的な観察によって全体を予測して的確にとらえることができる同時的観察にもなり得るということを知ったのでした。

2　身のまわりのモノの形のイメージづくりの学習内容

以下に示す活動内容は，まず立体的な形の理解を促し，次いで立体的な形との関連において平面的な形の理解へと展開し，さらに面図形や線図形の理解へと発展させていくように配列されています。また，投影的手法や「トンネル法」などによって，立体を平面的に表した見取り図や簡単な絵などについての理解の促進も意図してプログラムが組まれています。

(1) 丸・三角・四角（基本形）などのイメージづくり

　立体的な形のイメージづくりに入る前に，基本的な平面の形のイメージを明確にしておくことを意図して行う活動です。

1) 基本形に着目した仲間分け（図4-2）

　円形，三角形，四角形の仲間分けを通して，大きさや材質・材料が違っても同じ形の仲間であることを理解させます。図4-2では，大きさや材料（木製，布製，紙製）の異なる丸・三角・四角を，形に着目して仲間分けする活動を示しています。この図においては，材料に着目して仲間分けすることも可能ですから，子どもの実態によっては，こうした活動を促す指示も興味深いと思います。

2) 同系列の基本形に着目した仲間分け（図4-3）

　円形・楕円形・タマゴ形，正方形・長方形・台形等，正三角形・二等辺三角形・その他の三角形等を準備し，丸・三角・四角の三つの仲間に分けさせるという活動です。こうした活動を通して，若干の違いがあっても同系列の形の仲間であることを理解させるのです。

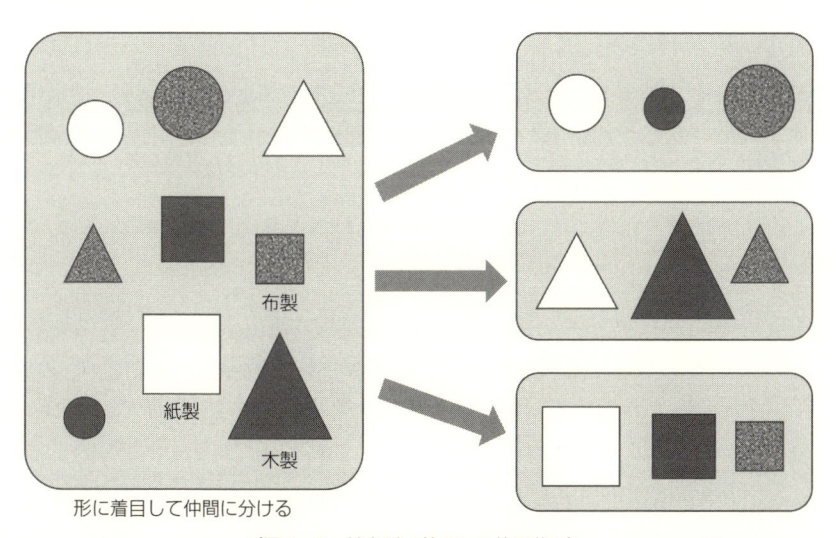

〈図4-2　基本形に着目した仲間分け〉

丸と三角と四角の仲間に分ける

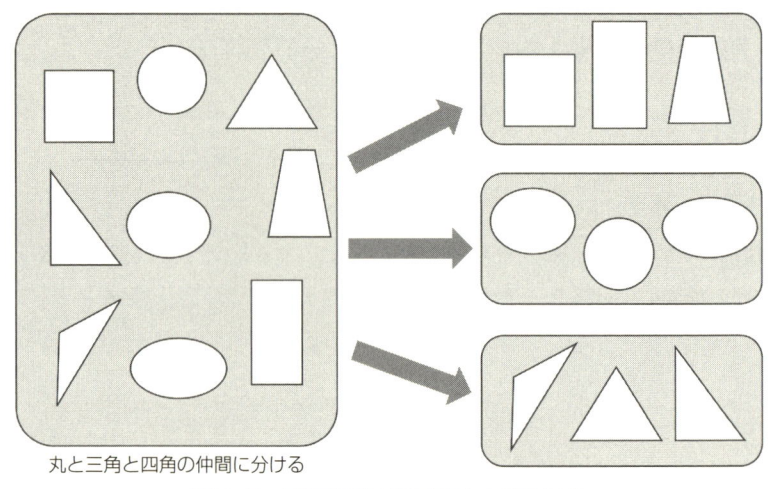

〈図4-3　同系列の基本形に着目した仲間分け〉

(2) 基本形態のイメージづくり

1) 合同な基本形態の一対一対応（図4-4）

　見本として示した基本形態と合同な形を選んで，一対一対応させるという活動です。図4-4においては，①円柱，②四角錐，③立方体をそれぞれ見本として，立方体・円柱・円錐・三角錐・球・四角錐・直方体の中から一つ選ばせます。選択させるために示す基本形態の数（選択肢の数）は，子どもの発達段階や能力に応じて変えていただきたいと思います。

　またこの活動においては，単に選ばせるだけでなくどんな形をしているかを体験的に理解させることが大切です。例えば，「この形（立方体）は，どちらに向けても底が真四角だよ。（サイコロのような形だね）」とか，「この形（円柱）は底や天辺が丸くて倒せば車のようにクルクルとよく動くよ。（丸い茶筒のような形だね）」といった具合です。形の概念ができあがっていない段階では，形の正式な名前は教えないことを原則とするので，子どものこれまでの経験との兼ね合いで，「サイコロのような形」とか「丸い茶筒のような形」という程度にとどめておきます。

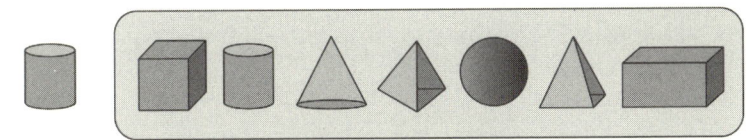

① 円柱を見本として

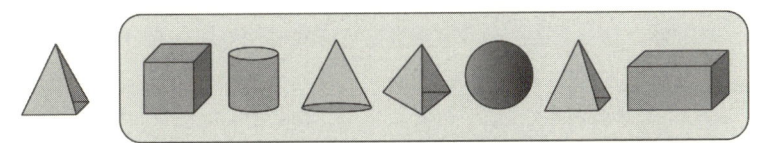

② 四角錐を見本として

③ 立方体を見本として

〈図4-4 合同な基本形態の一対一対応〉

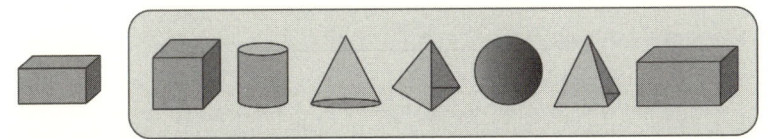

① 直方体を見本として

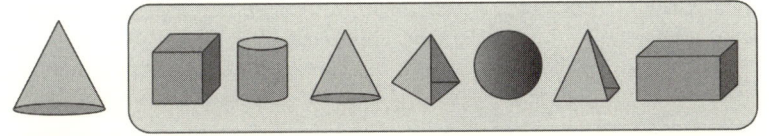

② 円錐を見本として

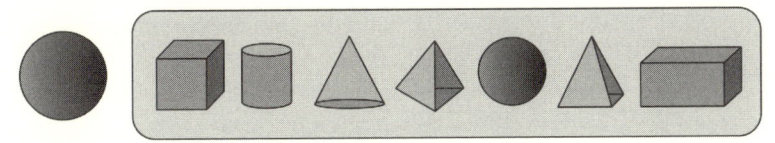

③ 球を見本として

〈図4-5 相似な基本形態の一対一対応〉

2 身のまわりのモノの形のイメージづくりの学習内容　61

2）相似な基本形態の一対一対応（図4-5）

　見本として示した基本形態と相似な形を選んで一対一対応させるという活動です。図4-5においては，①直方体，②円錐，③球をそれぞれ見本として，立方体・円柱・円錐・三角錐・球・四角錐・直方体の中から相似な形を一つ選ばせます。選択肢の数は子どもの状況に応じて変えていただきたいと思います。

　この活動においては，大きさが違っても同じ形であるということを，「1）合同な基本形態の一対一対応」の活動と同様，体験的に理解させることが大切です。直方体は立てると「四角な柱のような形」になること，円錐は「丸いとんがり帽子のような形」であること，球は「ボールのような形」であること等が，子どもたちの経験と結びつくのではないかと思います。

3）合同な基本形態の仲間分けⅠ（図4-6）

　大きさや材料が同じ3種類ないし4種類の基本形態を，形に着目して仲間分けさせるという活動です。

　図4-6においては，球・円柱・立方体の3種類の合同な基本形態を仲間分

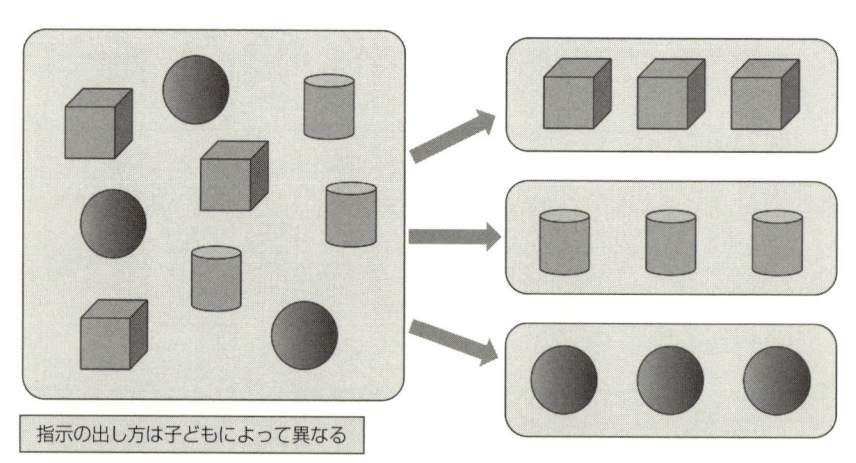

指示の出し方は子どもによって異なる
① 同じ形の仲間に分けてごらん
② 三つの同じ形の仲間に分けてごらん
③ サイコロのような形，茶筒のような形，ボールのような形に分けてごらん

〈図4-6　合同な基本形態の仲間分けⅠ〉

けさせますが，この場合，「同じ形の仲間に分けてごらん」という簡単な指示だけで仲間分けが可能な子どももいれば，「三つの同じ形の仲間に分けてごらん」といくつに分ければいいかの指示を付け加えればわかる子どももいます。また，こうした指示でもわかりにくい子どもには，「ボールのような形の仲間はこの部屋に，サイコロのような形の仲間はこの部屋に，……，分けてみよう」というように，具体的な指示や言葉かけが必要な子どももいます。どのような指示を与えるかは子どもの実態によって異なりますので，その見極めと工夫が非常に大切だといえます。

4）合同な基本形態の仲間分けⅡ（図4-7）

　大きさや材料が同じ基本形態を，形に着目して仲間分けさせるという点では「3）合同な基本形態の仲間分けⅠ」と同様な活動ですが，違いは，基本形態の種類を増やして仲間分けさせるところにあります。

　図4-7においては，円柱・立方体・直方体・三角柱，球，三角錐，四角錐，円錐の8種類の基本形態を仲間分けさせますが，どのくらいの種類の基本形態

どのような指示を出せばうまく仲間分けできるか。また，提示する基本形態の種類や個数をどの程度にすればよいかなどは，子どもの実態に合わせて工夫する。

〈図4-7　合同な基本形態の仲間分けⅡ〉

を用意して仲間分けさせるかは子どもの実態によって異なりますので，ここに示しているようなたくさんの種類にする必要はありません。また，どのような指示を与えたらうまく仲間分けできるかについても，図4-6の場合と同様に考えていただきたいと思います。

5）相似な基本形態の仲間分けⅠ（図4-8）

材料は同じで大きさの異なる3種類ないし4種類の基本形態を，形に着目して仲間分けさせるという活動です。

図4-8においては，円柱・四角柱・三角錐の3種類の相似な基本形態を仲間分けさせますが，この場合，「同じ形の仲間に分けてごらん」という簡単な指示だけで仲間分けが可能な子どももいれば，「三つの同じ形の仲間に分けてごらん」といくつに分ければいいかの指示を付け加えればわかる子どももいます。またこうした指示でも分かりにくい子どもには，「丸い茶筒のような形の仲間はこの部屋に，四角い柱のような形の仲間はこの部屋に……，分けてみよう」というように，具体的な指示や言葉かけが必要な子どももいます。どのよ

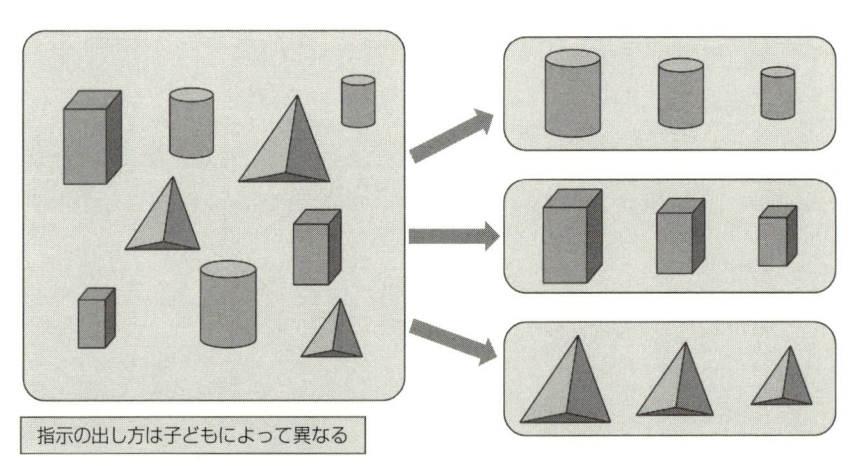

指示の出し方は子どもによって異なる

① 同じ形の仲間に分けてごらん
② 三つの同じ形の仲間に分けてごらん
③ 丸い茶筒のような形，四角い箱のような形，とがった三角屋根のような形に分けてごらん

〈図4-8　相似な基本形態の仲間分けⅠ〉

うな指示を与えるかは子どもの実態によって異なりますので，その見極めと工夫が非常に重要だといえます。また，「大きさが違っても形は同じである」という認識を育てるために，大きさの順に並べたり，転がしたり，積み重ねたりという操作的活動を通して体験的に理解させることが大切です。

6）相似な基本形態の仲間分けⅡ（図4-9）

　材料は同じで大きさが異なる基本形態を，形に着目して仲間分けさせるという点では「5）相似な基本形態の仲間分けⅠ」と同様な活動ですが，違いは，基本形態の種類を増やして仲間分けさせるところにあります。

　図4-9においては，球・立方体・四角柱・三角柱・円錐・四角錐の6種類の基本形態を仲間分けさせますが，どのくらいの種類の基本形態を用意して仲間分けさせるかは子どもの実態によって異なりますので，ここに示しているようなたくさんの種類にする必要はありません。また，どのような指示を与えたらうまく仲間分けできるかについても，これまでの活動と同様に考えていただきたいと思います。

どのような指示を出せばうまく仲間分けできるか。また，提示する基本形態の種類や個数をどの程度にすればよいかなどは，子どもの実態に合わせて工夫する。

〈図4-9　相似な基本形態の仲間分けⅡ〉

2　身のまわりのモノの形のイメージづくりの学習内容　　65

また，大きさが異なっても形は同じであることを，図4-8の場合と同様に操作的活動を通して理解させてください。

7) 柱状体の仲間分けⅠ（図4-10）

図4-10は，大きさや材料の同じ円柱・四角柱・三角柱・六角柱をそれぞれ2個ないし3個用意し，形に着目して分類させる活動です。分類に先立って，「寝ている形は起こしてごらん。さあ，どれもどんな感じの形ですか」と問いかけ，「柱のような形」であることを理解させます。次いで，「いろいろ違った柱があるよ。仲間に分けてみよう」と指示して分類させます。この場合，「同じ形の仲間に分けてごらん」という簡単な指示だけで仲間分けが可能な子どももいれば，「4つの同じ形の仲間に分けてごらん」といくつに分ければいいかの指示を付け加えればわかる子どももいます。またこうした指示でも分かりにくい子どもには，一つ一つ取り出しながら，「こんな形の仲間はこの部屋に，こんな形の仲間はこの部屋に……，分けてみよう」というように，具体的な形を示したり言葉かけをしながら活動させる必要がある子どもまで様々ですから，

指示の出し方は子どもによって異なる
① 同じ形の仲間に分けてごらん
② 4つの同じ形の仲間に分けてごらん
③ （一つ一つ形を示しながら）「これと同じ形を探して，同じ部屋に入れてごらん」と指示する

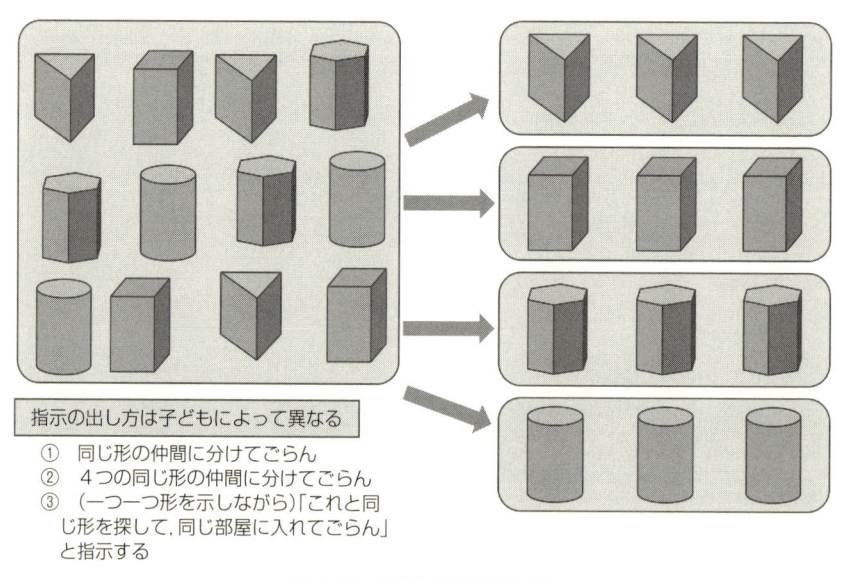

〈図4-10　柱状体の仲間分けⅠ〉

実態に合わせた対応に心がけることが大切です。

　分類がスムーズに行われたら，それぞれの形にどのような名前をつけたらいいか考えさせ，「丸い柱」「四角い柱」「三角の柱」「六角の柱」という形の概念を的確に表す名称を確認します。

8) 柱状体の仲間分けⅡ（図4-11）

　大きさや材質が異なる円柱・四角柱・三角柱・六角柱の基本形態を，形に着目して仲間分けさせるという活動です。

　図4-11においては，材料（木製，紙粘土製，厚紙製）や大きさの異なる4種類の柱状体を仲間分けさせますが，この場合，どのような指示を与えて活動させるかは，これまでの活動の際の指示を参考にして工夫していただきたいと思います。いずれにしても，「大きさや材料が異なっても同じ形である」という認識を育てることが大切です。

　この段階の仲間分けがスムーズに行われたら，「柱のことを『ちゅう』というんだよ。だから，丸い柱は『円柱』，四角い柱は『四角柱』，三角の柱は『三

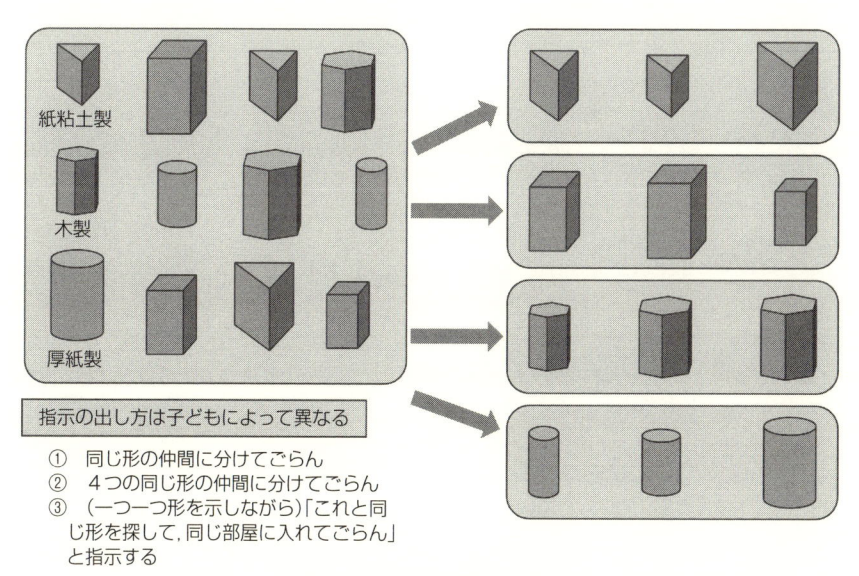

〈図4-11　柱状体の仲間分けⅡ〉

2　身のまわりのモノの形のイメージづくりの学習内容

角柱』，六角の柱は『六角柱』というんだよ」と，正式な名称を教えてもいいと思います。今後も名称のことがたびたび出てきますが，形の概念が明確になった段階で，その概念を的確に表す正式な名称の付与は非常に大切ですから，支援する側は，この点をしっかりと理解しておく必要があります。なお，概念が不明確な段階で名称のみを先行して教えることは避けなければなりません。

また，理解力が優れている子どもには，「形以外の違った仲間はみつけられないだろうか」という質問を出して，「木でできている仲間」「紙粘土でできている仲間」「厚紙ででできている仲間」というように，材料の違いで仲間分けできる点にも気づかせたいものです。

9) 球状体の仲間分けⅠ（図4-12）

大きさや材料の同じ球・楕円体・タマゴ形を，それぞれ2個ないし3個用意し，形に着目して分類させる活動です。分類操作させるための指示の出し方は，これまでの活動と同様に工夫することが大切です。また，分類する段階で，両手に包み込むようにして左右の形の異同を観察する技能を身につけさせることに留意する必要があります。

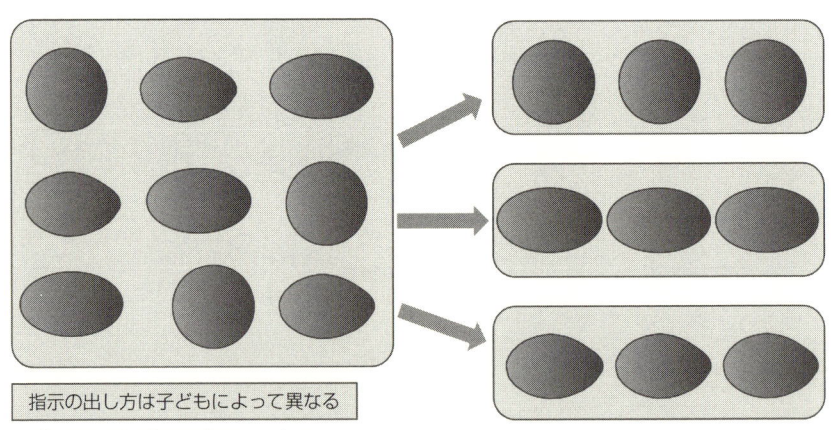

指示の出し方は子どもによって異なる
① 同じ形の仲間に分けてごらん
② 三つの同じ形の仲間に分けてごらん
③ （一つ一つ形を示しながら）「これと同じ形を探して，同じ部屋に入れてごらん」と指示する

〈図4-12　球状体の仲間分けⅠ〉

分類した後は，転がしたり回したりする操作的活動を通して，それぞれの形の動きの特徴を観察させ，「どちらへもまっすぐ転がるのは，ボールのような形」「まっすぐに転がらず，右や左に傾きながら転がるのは，ラグビーボールのような形やタマゴのような形」などと動きの特徴と形を表す仮の名前を対応させて理解させます。また，これら三つの形に共通する「角のない丸っこい形」という特徴を発見させることも大切です。なお，ラグビーボールを知らない子どももいますので，実際のラグビーボールを観察させることも忘れないでください。

10）球状体の仲間分けⅡ（図4-13）

　大きさや材質が異なる球・楕円体・タマゴ形を，形に着目して仲間分けさせるという活動です。

　図4-13においては，材料（木製，紙粘土製，発泡スチロール製）や大きさの異なる3種類の球状体を仲間分けさせますが，この場合，どのような指示を与えて活動させるかは，これまでの活動の際の指示を参考にして工夫していただきたいと思います。いずれにしても，「大きさや材料が異なっても同じ形である」

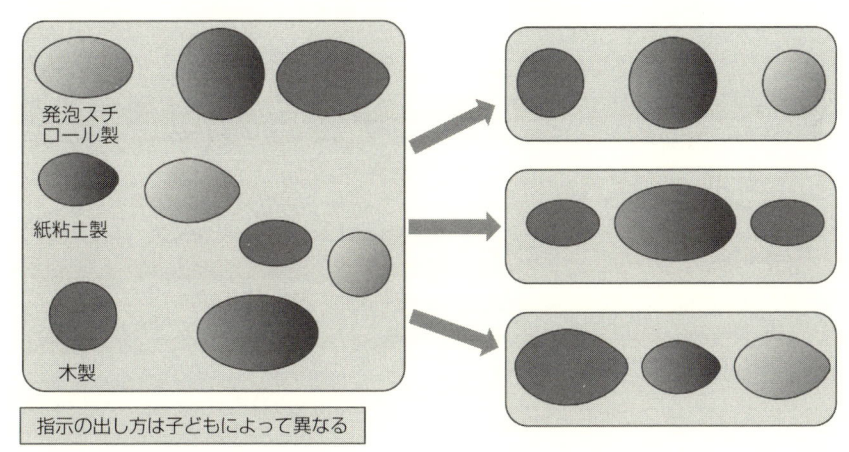

指示の出し方は子どもによって異なる
① 同じ形の仲間に分けてごらん
② 三つの同じ形の仲間に分けてごらん
③ （一つ一つ形を示しながら）「これと同じ形を探して，同じ部屋に入れてごらん」と指示する

〈図4-13　球状体の仲間分けⅡ〉

という認識を育てることが大切です。

この段階の仲間分けがスムーズに行われたら,「ボールのような形は『球』, ラグビーボールのような形は『楕円球』, タマゴのような形は『タマゴ形』というんだよ」と, 正式な名称の付与を行ってください。幼児や小学校の低学年の段階では, 正式名称は難しいのではないかと思われがちですが, 概念が明確になればその概念に対する命名は決して難しいものではありません。

また,「形以外の違った仲間はみつけられないだろうか」という質問を出して,「木でてきている仲間」「紙粘土でできている仲間」「発泡スチロールでできている仲間」というように, 材料の違いで仲間分けできる点にも気づかせたいものです。

11）錐状体の仲間分けⅠ（図4-14）

大きさや材料の同じ円錐・三角錐・四角錐を, それぞれ2個ないし3個用意し, 形に着目して仲間分けさせる活動です。仲間分けに先立って,「全体をみてどんな感じの形かな」と問いかけ,「とんがった形」という反応を引き出します。次いで,「みんなとんがった形だけど, 違うところもあるよ。仲間に分

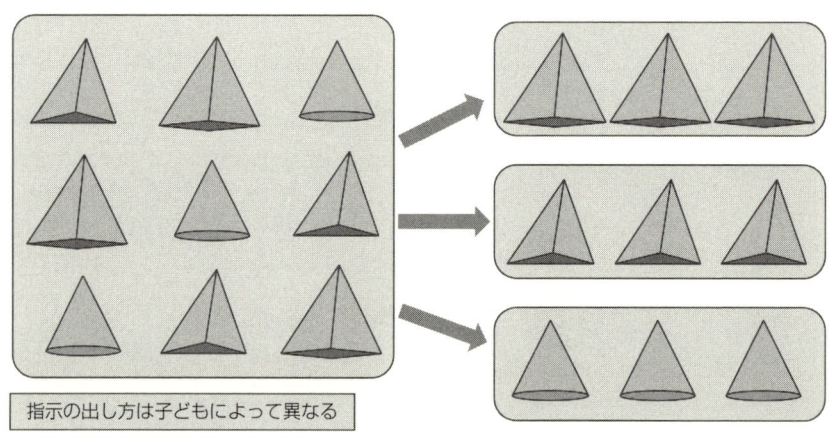

指示の出し方は子どもによって異なる
① 同じ形の仲間に分けてごらん
② 三つの同じ形の仲間に分けてごらん
③ （一つ一つ形を示しながら）「これと同じ形を探して, 同じ部屋に入れてごらん」と指示する

〈図4-14　錐状体の仲間分けⅠ〉

けてみよう」と指示して分類させます。どのような指示を出して分類させるかには子どもの実態に応じた工夫が必要ですが，いずれの場合も分類に際しては底の形に着目するように支援します。

　分類がスムーズに行われた段階では，それぞれにどのような名前をつけたらいいか考えさせ，「丸いとんがりお屋根」「三角のとんがりお屋根」「四角いとんがりお屋根」というような名称をつけておくのが適当だと思います。なお，円錐形に「三角帽子のような形」などという名称をつけるのは避けなければなりません。それは，どのように観察しても，触覚的には円錐が三角とは認識されないからです。

12）錐状体の仲間分けⅡ（図4-15）

　大きさや材質が異なる円錐・三角錐・四角錐を，形に着目して仲間分けさせるという活動です。

　図4-15においては，材料（木製，紙粘土製，発泡スチロール製）や大きさの異なる3種類の錐状体を仲間分けさせますが，この場合，どのような指示を与えて

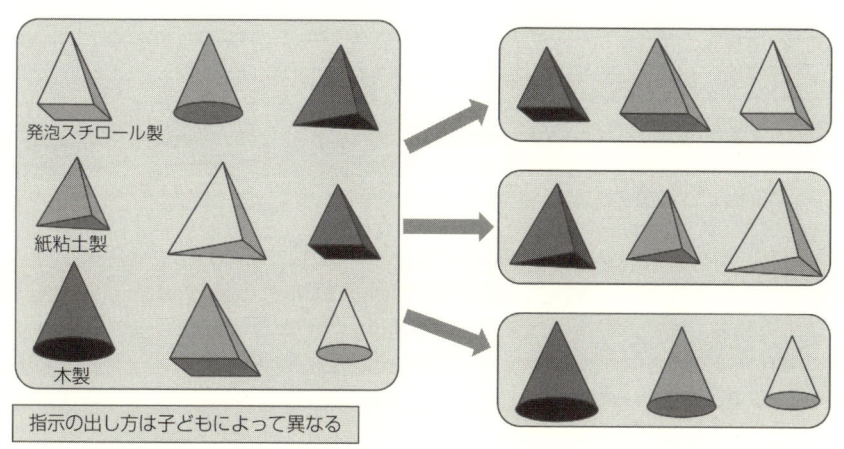

指示の出し方は子どもによって異なる
① 同じ形の仲間に分けてごらん
② 三つの同じ形の仲間に分けてごらん
③ （一つ一つ形を示しながら）「これと同じ形を探して，同じ部屋に入れてごらん」と指示する

〈図4-15　錐状体の仲間分けⅡ〉

活動させるかは，これまでの活動の際の指示を参考にして工夫していただきたいと思います。いずれにしても，「大きさや材料が異なっても同じ形である」という認識を育てることが大切です。

この段階の仲間分けがスムーズに行われたら，「とんがっていることを『錐』というんだよ。だから，丸いとんがりお屋根は『円錐』，三角のとんがりお屋根は『三角錐』，四角いとんがりお屋根は『四角錐』というんだ」と，正式な名称を与えてください。

また，「形以外の違った仲間はみつけられないだろうか」という質問を出して，「木でできている仲間」「紙粘土でできている仲間」「発泡スチロールでできている仲間」というように，材料の違いで仲間分けできることに気づかせることも大切です。

13）錐状体とその変形（図4-16）

円錐と円錐台，三角錐と三角錐台，四角錐と四角錐台を対比させて，「～台」という形が「～錐」の一部を切り取った変形であることを理解させる活動です。

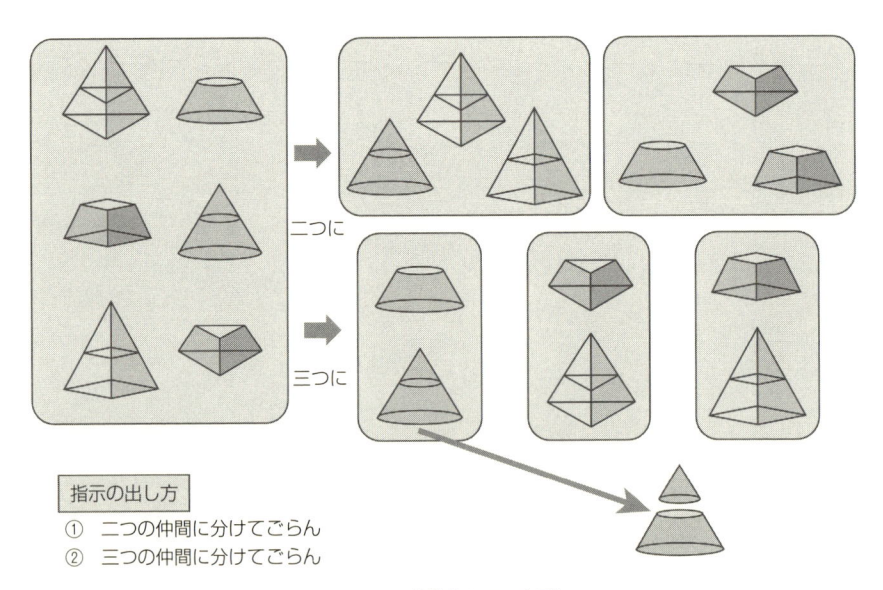

〈図4-16　錐状体とその変形〉

指示の出し方
① 二つの仲間に分けてごらん
② 三つの仲間に分けてごらん

「二つの仲間に分けてごらん」とか「『〜錐』と呼ばれる形とそうでない形との二つに分けてごらん」などと指示して，仲間分けさせます。この仲間分けがスムーズにできたら，次いで「三つの仲間に分けてごらん」とか「底の形が同じ仲間に分けてごらん」などと指示して，最初の仲間分けとは異なった三つの仲間に分けられることを理解させ，円錐と円錐台，三角錐と三角錐台，四角錐と四角錐台との関係を理解させます。この場合，図4-16の右下に示したように，円錐台の上に小さな円錐をのせると大きな円錐になることなど，具体的な操作的活動を行い，このような形を「〜台」という意味を理解させ，それぞれの正式名称を付与します。

14) 基本形態の再分類（図4-17）

基本形態は，大筋で「球状体」「柱状体」「錐状態」等に分類できますし，さらに球状体は，球・楕円球・タマゴ形等に細かく分けることができます。このように，大枠で仲間分けしたり，細かく仲間分けしたりできるということを理解させるための活動です。

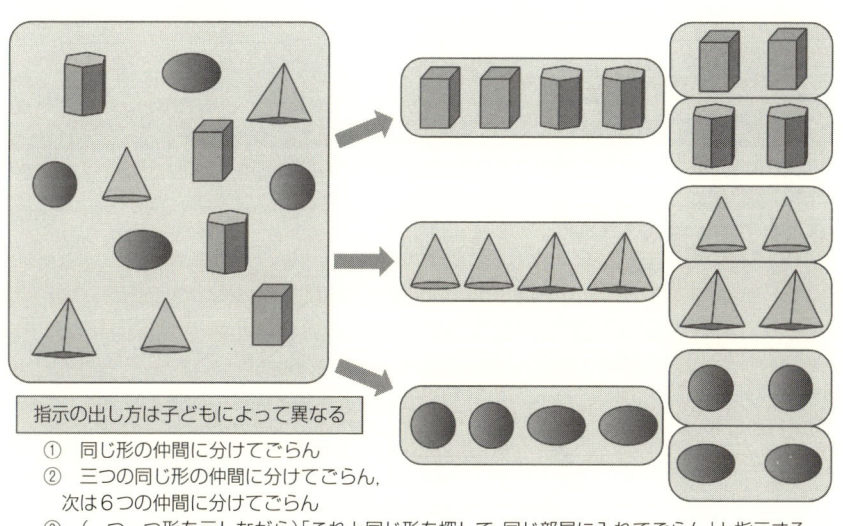

〈図4-17 基本形態の再分類〉

図4-17においては,「三つの仲間に分けなさい」という指示で,球状体・柱状体・錐状体に分け,「6つの仲間に分けなさい」という指示で,球・楕円球,円柱・四角柱,円錐・四角錐に分けるという活動を引き出します。この活動は,基本形態の概念の枠組みが明確に形成されているかどうかのテストの意味もあるように思います。

15) 秩序立った変化の観察1 (図4-18)

図4-18のようにランダムに並べられた基本形態をみて,どんな形かをまず観察させ,すべて四角柱であることを確認します。その後「順序よく並べてごらん」という指示によって並べる活動をさせます。活動が終わったら,右から左へ,あるいは左から右へどのように順序よく並んでいるかを言葉で説明させます。この場合,底面が正方形の四角柱では,「立方体は四角柱の仲間である」という認識をもたせることが大切です。

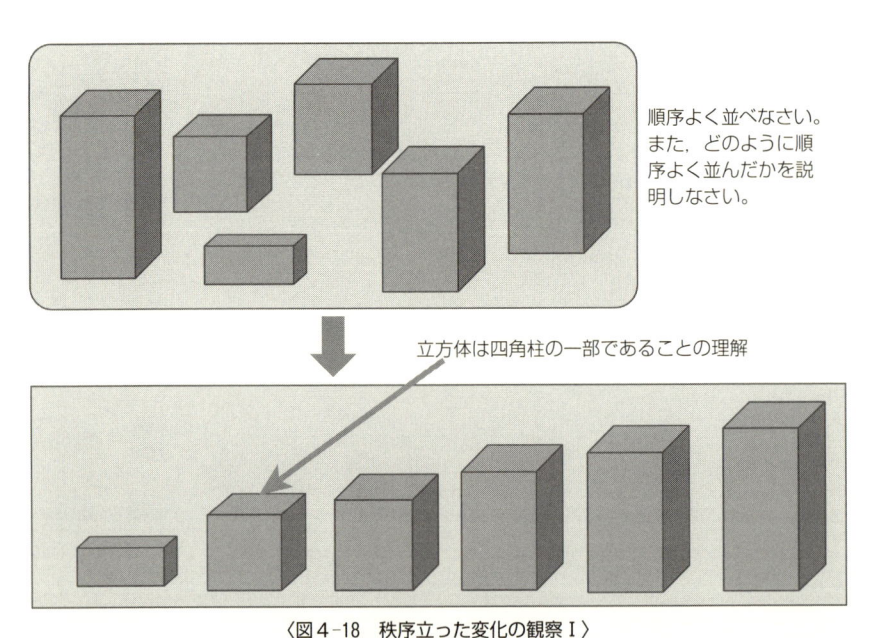

〈図4-18 秩序立った変化の観察Ⅰ〉

16）秩序立った変化の観察Ⅱ（図4-19）

　図4-19のようにランダムに並べられた基本形態をみて、どんな形かをまず観察させ、すべて円柱であることを確認します。その後「順序よく並べてごらん」という指示によって並べる活動をさせます。活動が終わったら、どのように並んでいるかを言葉で説明させます。つまり、「右から左へ太くなるほど低くなる」、あるいは「左から右へ高くなるほど細くなる」などと説明させるわけです。

　また、直径は一定で高さの変化する円柱や、逆に高さは一定で直径が変化する円柱などを順序よく並べて、変化の様子を言葉で表現させる活動も大切です。この場合、高いと低い、鋭いと鈍い、太いと細い、厚いと薄いなど、対になっている言葉を実態と対応づけて理解させます。

　なお、底面の大きさが一定の円柱や四角柱の高さをどんどん低くしていくと、最後には丸や四角の平面になることを体験的に理解させるのも興味深い活動になるでしょう。

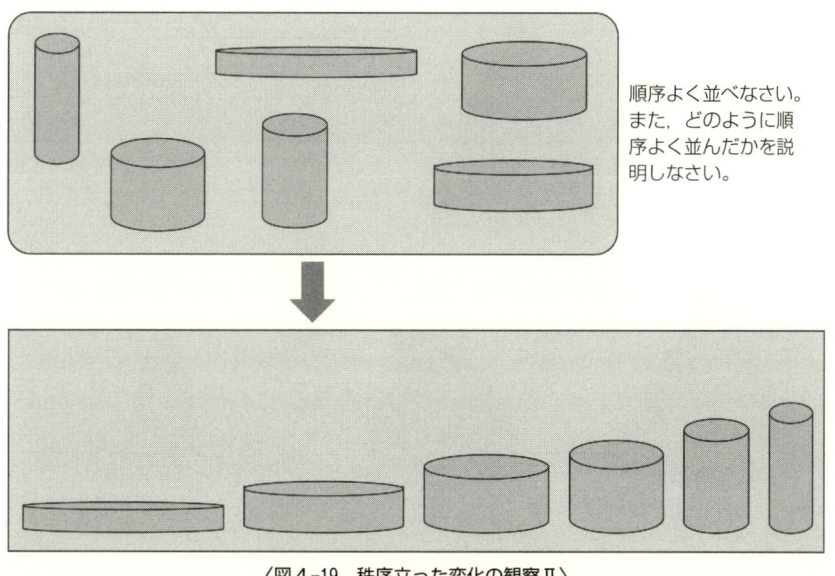

〈図4-19　秩序立った変化の観察Ⅱ〉

17）粘土などを用いたモデル製作（図4-20）

　基本形態をモデルとして粘土で表現したり，あるいは，基本形態の名称のみを手がかりにして粘土で製作させたりする活動です。この場合，仕上がりの形の良し悪しよりも，基本形態の特徴を正しくとらえて表現しようとしているか否かを評価することが大切です。例えば，図4-20に示す円錐の表現では，①，②，③のような表現をする場合があります。②のような形のくずれは表現技術に未熟な点はあるとしても，円錐を一応正しくとらえているとみることができますが，③のような表現は「円錐はまるくて先がとがっている」というような部分的特徴にこだわった表現であり，円錐を正しくとらえているとはいい難いとみるべきです。

　このように，モデル製作は，概念形成がうまくできているかどうかをチェックするたいへん興味深い活動として位置づけることができます。

円錐の見本を見て，粘土で表現する。また，「円錐」という言葉のみを聞いて粘土で表現する

見本

① 正確な表現　　② 若干形の乱れた表現　　③ イメージの混乱

〈図4-20　粘土などを用いたモデル製作〉

(3) 基本形態と具体物の対応関係の理解

1) 基本形態と具体物との一対一対応Ⅰ（図4-21）

図4-21に示すように、見本として基本形態を示して、いくつかの具体物の中から似ている形を探させるという活動です。具体的には円柱に似ているものをミカン・缶ジュース・ガム・円錐状のチョコレートの中から、球に似ているものを牛乳瓶・梨・コッペパン・箱の中からそれぞれ探させます。この場合、若干の形の違いは捨象（そぎ落とす）して大まかに似ている形を選ばせることが大切です。また、球に対して梨を選んだ後、球と梨とを観察してその違いを言葉で説明させることも重要です。

2) 基本形態と具体物との一対一対応Ⅱ（図4-22）

図4-21とは逆に、見本として具体物を示し、いくつかの基本形態の中から見本と似ている形を選ばせるという活動です。この場合も、大まかに形をとらえて対応させることの重要性を理解させます。また、対応させた具体物と基本

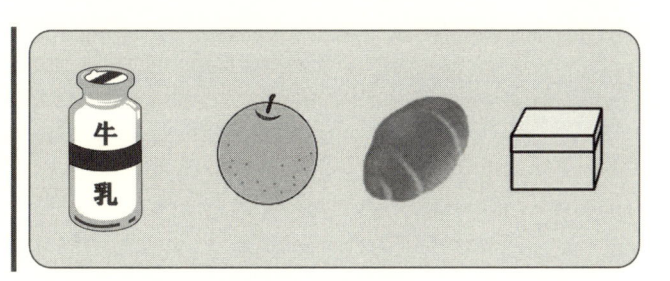

〈図4-21　基本形体と具体物との一対一対応Ⅰ〉

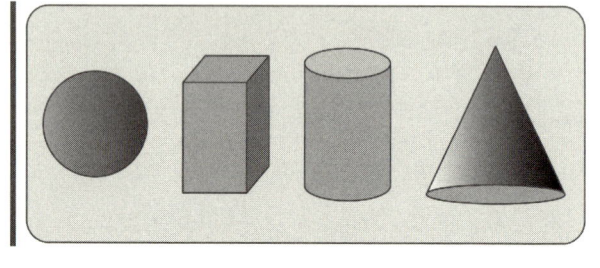

見本

リンゴに似ているもの

見本

缶コーヒーに似ているもの

〈図4-22　基本形体と具体物との一対一対応Ⅱ〉

形態との違いにも着目して，その違いを言葉で表現させるようにします。

3) 具体物の同形分類（図4-23）

　四角柱状（ガム，食パン，箱等），円柱状（缶ジュース，ペットボトル，牛乳等），球状（梨，リンゴ，ミカン等）などの具体物をそれぞれ2～3個ずつ用意し，形に着目して仲間分けさせます。この場合，図4-23に示すように，①基本形態の四角柱・円柱・球を一つずつ示して，それぞれに似ている具体物を選び出させたり，②形の似ている三つの仲間に分けてごらんと指示して仲間分けさせたり，③形の似ている仲間に分けてごらんという指示だけで仲間分けさせたり，というように，子どもの実態に応じて指示の出し方を工夫します。

　なお，具体物は模型やレプリカではなく，子どもたちになじみの深い本物の活用を基本にすることが大切です。また，分類した後は，「四角柱の仲間」「円柱の仲間」「球の仲間」というように，基本形態の仲間として認識させることを忘れないで下さい。

① ⬛ 🔘 ● 四角柱・円柱・球を一つずつ示して似ている具体物を選ぶ
② 形の似ている三つの仲間に分けてごらん
③ 形の似ている仲間に分けてごらん

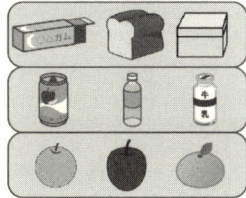

〈図4-23 具体物の同形分類〉

円柱は？ ちり箱みたい

四角柱は？ 冷蔵庫みたい

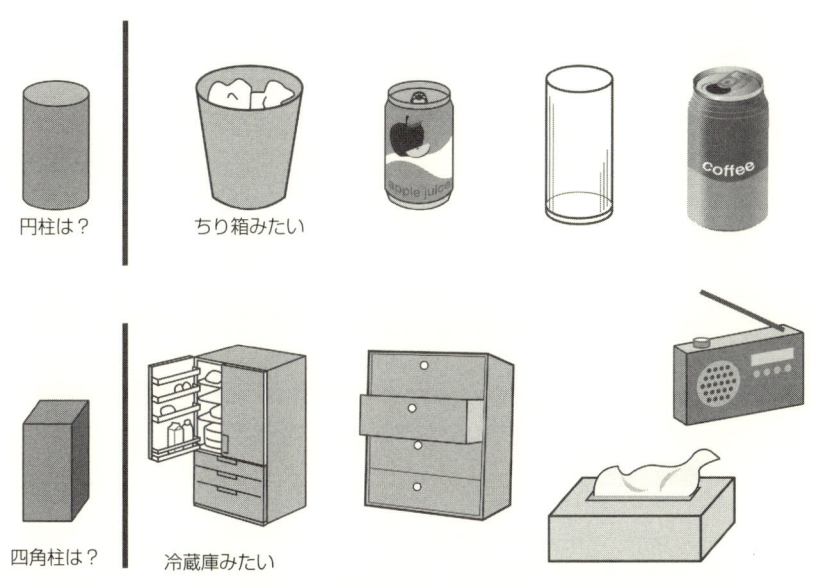

〈図4-24 類似形探し（〜みたい）Ⅰ〉

2 身のまわりのモノの形のイメージづくりの学習内容

4) 類似形探し（〜みたい）Ⅰ（図4-24）

　食べ物や身のまわりの日用品，電化製品や家具など，日常生活でなじみの深い品物を基本形態と対応させて「〜みたい」と表現させる活動です。この場合も細かな点は捨象させることが大切です。例えば基本形態の「円柱」をみて，「ちり箱みたい」「缶ジュースみたい」「コップみたい」などと言わせたり，「四角柱」をみて，「冷蔵庫みたい」「タンスみたい」「ティッシュの箱みたい」などと言わせたりします。家の中や学校の中を探検して，円柱・四角柱・球などに類似した品物をできるだけたくさん探させるようなゲームを行うのも一つの方法です。

5) 類似形探し（〜みたい）Ⅱ（図4-25）

　メガフォン・タンバリン・底が四角なペットボトル・キャベツなどの具体物を，多少の凹凸は捨象して，基本形態と対応づけるという活動です。この場合，まず一つ一つの具体物の用途や名称を理解しているかどうか確かめることが大切です。

具体物と基本形態を一対一対応

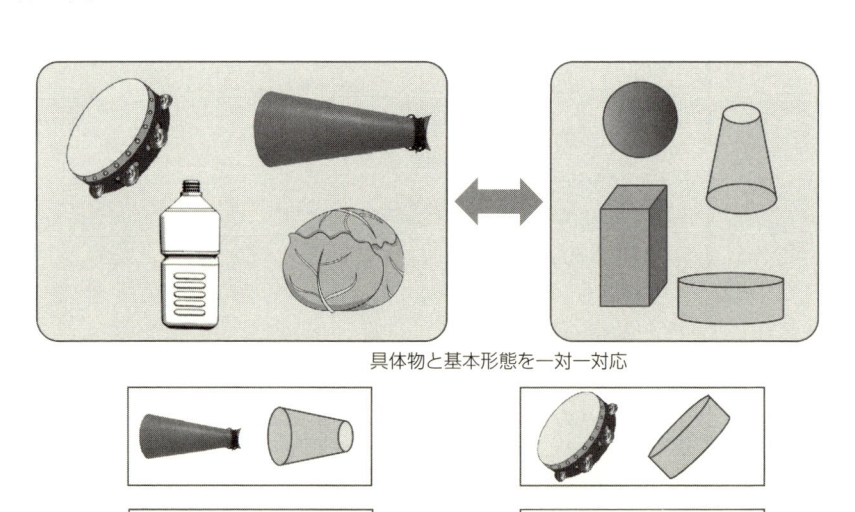

〈図4-25　類似形探し（〜みたい）Ⅱ〉

次いで具体物と基本形態を一対一対応させ、「メガフォンは円錐台みたい」「四角いペットボトルは四角柱みたい」……と言わせたり、逆に「円錐台はメガフォンみたい」「四角柱は四角いペットボトルみたい」と言わせるなど、可逆的に言語で表現できるようにします。また、「キャベツは球みたい」と言った場合、キャベツを詳しく観察させて、球との違い、例えば、「ごつごつしているよ」「球を少しつぶしたような形だよ」「葉っぱが巻いていて少しふわふわしているよ」「うまく転がらないよ」などを言葉で表現させることが大切です。

6）類似形探し（～みたい）Ⅲ（図4-26）
　図4-26に示すように、机やキャスターつき物置などは、周囲を板で覆うと四角柱の仲間としてみることもできますし、バトンやホースは、円柱の変形としてみることができます。
　そこで実際に机や物置の周りをベニヤ板や段ボールで囲って、四角柱に似ている状態を理解させたり、バトンやホースを短く切って円柱と比べて類似していることを確かめさせたりします。

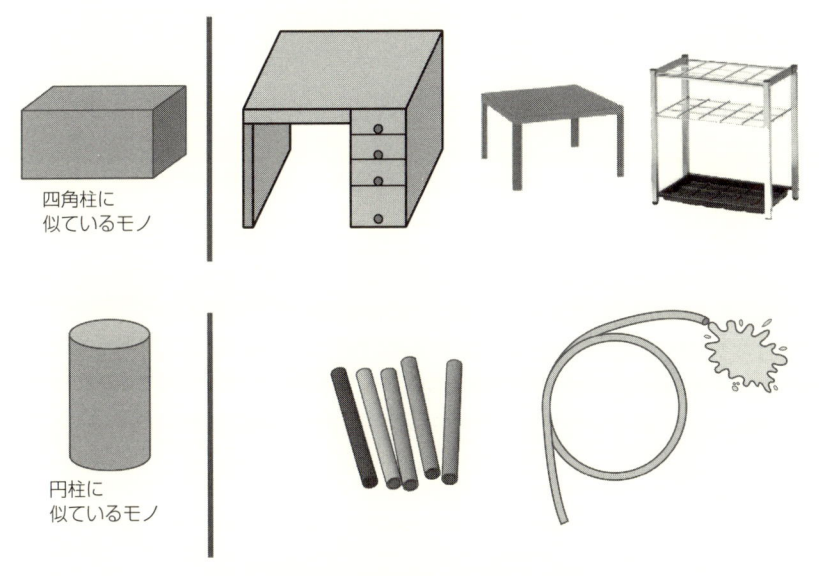

〈図4-26　類似形探し（～みたい）Ⅲ〉

2　身のまわりのモノの形のイメージづくりの学習内容

こうした操作的活動を経て,「机は四角柱みたい」「キャスターつき物置は四角柱みたい」とか,「バトンは円柱みたい」「ホースは円柱みたい」などと表現させていきます。

(4) 立体の合成分解

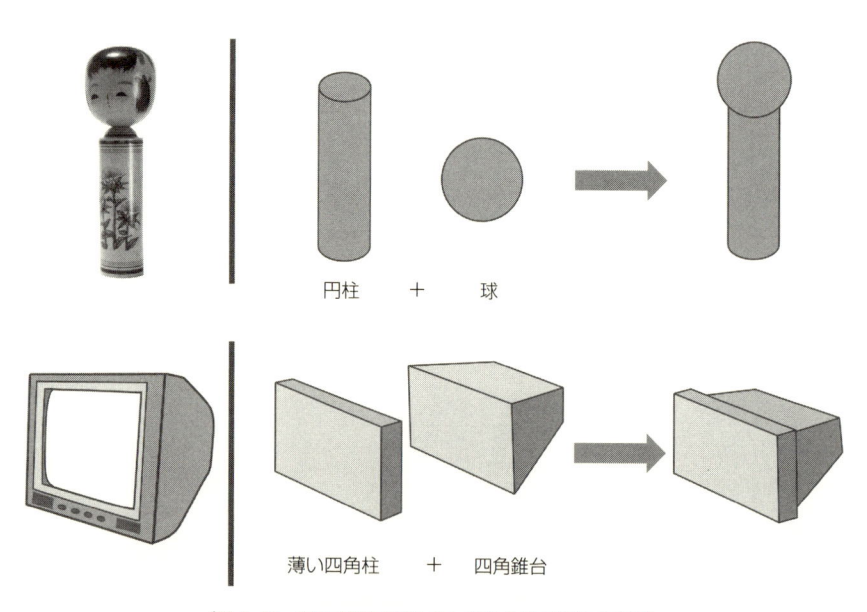

1) 基本形態の組み合わせによる具体物の表現 (図4-27)

　こけし・テレビ・マラカス・ラジオなどの具体物を観察して,基本形態の組み合わせで表現させたり (例えば,こけしは円柱の上に球をのせる),言葉でどんな基本形態の組み合わかを言わせたりする活動です。粘土で部品を作ってそれを組み合わせて具体物を表現させたりするのも興味深いと思います。こうした活動を通して,基本形態の組み合わせとして,具体物のイメージを保存できるようにしていくことがこの活動のねらいです。

円柱　＋　球

薄い四角柱　＋　四角錐台

〈図4-27　基本形態の組み合わせによる具体物の表現〉

2) 具体物の分解・構成（図4-28）

　図4-28に示すような列車や自動車の木製玩具など，分解してもどの部分かが明確なものを用いて，部分の名称を言いながらバラバラに分解したり，分解したものをもとの形に組み立てたりさせる活動です。

3) ブロックによる単純な形のモデル製作（図4-29）

　図4-29に示すように，レゴブロックなど単一の形のブロックを用いて，モデル製作をさせる活動です。簡単な構成でも最初は戸惑う子どもがいますので，このような子どもについては，数個のブロックで構成した同じ形を二つ示し，一方をモデルとして他方を分解し，さらにモデルを観察しながら同じ形に構成させるという筋道をたどると，理解が深まるようです。

4) 粘土によるモデル製作（図4-30）

　具体物をモデルとして，粘土でそれを表現させる活動です。図4-30では，犬のぬいぐるみと自家用車を観察して粘土で表現しています。こうした活動に際しては，最初にいくつかの部品を作り，それを組み合わせることによって全体を表現させるとうまくいく子どもが多いようです。

〈図4-28　具体物の分解・構成〉

2　身のまわりのモノの形のイメージづくりの学習内容

モデル①

モデルを構成する素材の提供

モデル②

同じ形を作ってみよう

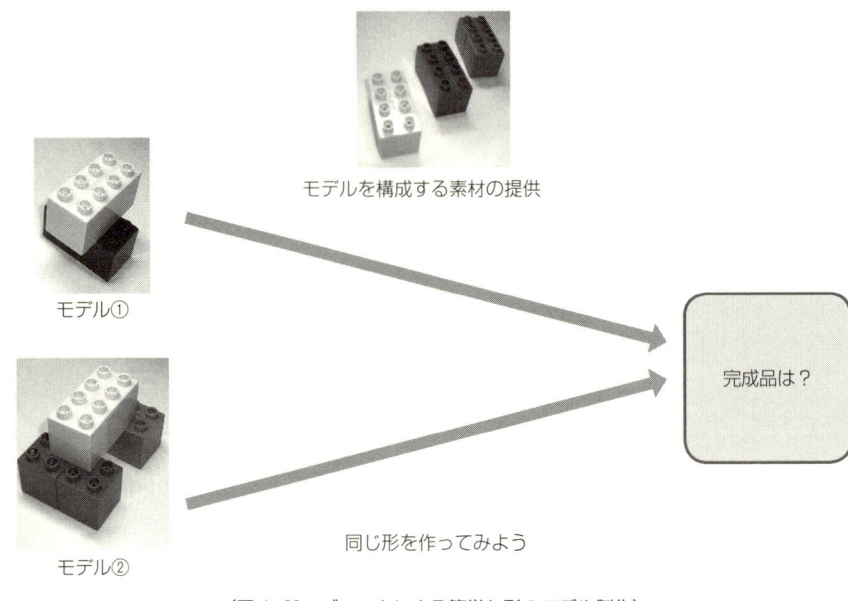

完成品は？

〈図4-29　ブロックによる簡単な形のモデル製作〉

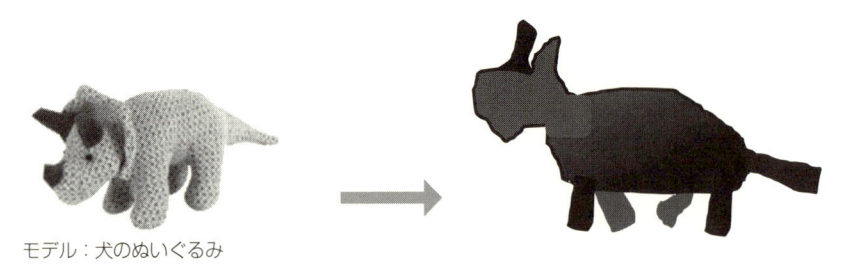

モデル：犬のぬいぐるみ

いくつかの部品を作って組み立てる

モデル：自家用車

〈図4-30　粘土によるモデル製作〉

84　第4章　認知と動作の基礎支援の学習プログラムⅡ

5) ブロックによる複雑な形のモデル製作（図4-31）

　ブロックで作製された家や乗り物，動物などのモデルをみて，作製させる活動です。この場合，単純な形のモデル製作と同様にモデルを二つ示し，一方を分解した後，再度組み立てさせるとスムーズな活動を引き出すことができます。

　また，具体物の大まかな特徴をとらえて，ブロックなどで大胆に自由製作させる活動を取り入れるのも一方法です。

車や花などのモデルを与えて
ブロックで同じ形を作らせる

〈図4-31　ブロックによる少し複雑な形のモデル製作〉

(5) **基本形態と基本形の対応関係の理解**

1) **基本形態の面と基本形との対応**（図4-32）

　四角柱，三角錐，四角錐などの一つ一つの面に対応する基本形カードを探したり，これらの基本形態の周りを基本形カードで覆ったりして，立体は面で構成されていることを理解させる活動です。

　図4-32は，四角柱や円柱は，どんな基本形が何枚あれば全体を覆うことができるかを予測させて，その予測が正しかったかどうかを実際に確かめさせる活動を示しています。また，覆った基本形をつなぎ合わせると展開図になることも理解させます。

2) **展開図による箱作り**（図4-33）

　図4-33に示すように，展開図を与えて，それを組み立てたらどんな基本形態になるかを予測させた後，実際にセロテープなどで止めて基本形態を組み立てさせます。

　　　四角柱を基本形で覆う　　　　　覆った面をつなぎ合わせると展開図に

　　　円柱を基本形で覆う　　　　　　覆った面をつなぎ合わせると展開図に

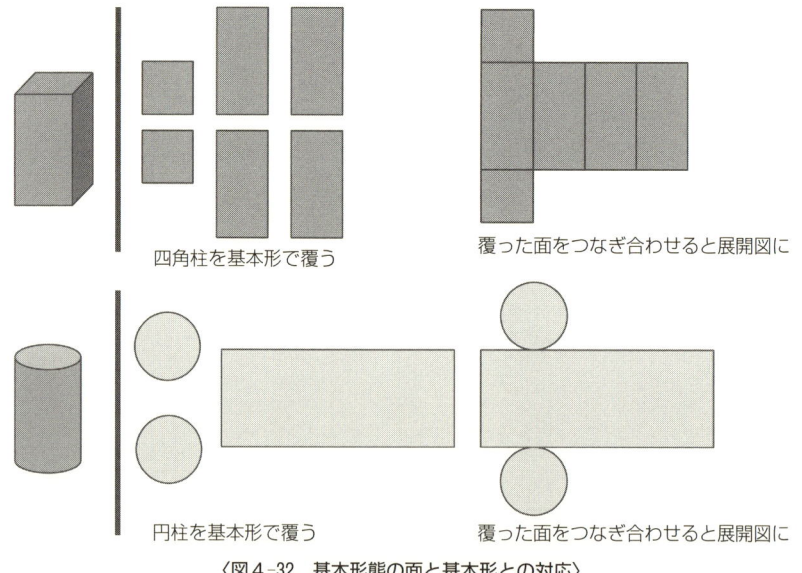

〈図4-32　基本形態の面と基本形との対応〉

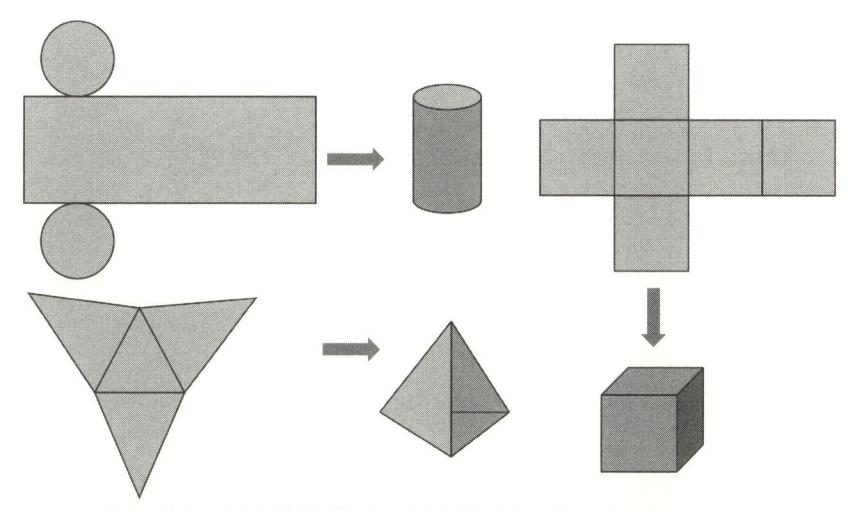

展開図をみてどんな基本形態になるかを予測した後、実際に組み立てる

〈図4-33　展開図による基本形態の製作〉

　また、四角錐や六角柱等をすきまなく覆うには、どんな基本形が何枚必要かを予測させた後、予測した基本形を与えて、実際の作業を行わせ、予測通りの基本形態になるかどうかを確かめさせる活動も有効です。

3) 基本形態と基本形の投影的対応Ⅰ（図4-34）

　図4-34に示すように、円柱・四角柱・円錐等の基本形態を真下（真上）からみた場合と真横からみた場合とに分けて、それぞれどのような基本形にみえるかを理解させる活動です。円柱や円錐の曲面状の部分は、触覚的にみて基本形との対応が困難なので、こうした部分は断面と基本形の対応関係で理解させるようにします。

　また逆に、真下（真上）からみた場合と真横からみた場合の2枚の基本形を示して、どんな基本形態を表したものかを予想させるというように、「立体から平面を」「平面から立体を」と、可逆的な活動をさせることが大切です。

4) 基本形態と基本形の投影的対応Ⅱ（図4-35）

　図4-35に示すように、発泡スチロールの板に円状や三角状のトンネルをく

断面と対応させる

真横からみた場合

真下からみた場合

〈図4-34　基本形態と基本形の投影的対応〉

球は円状のトンネルをすき間なく通るので円と対応する

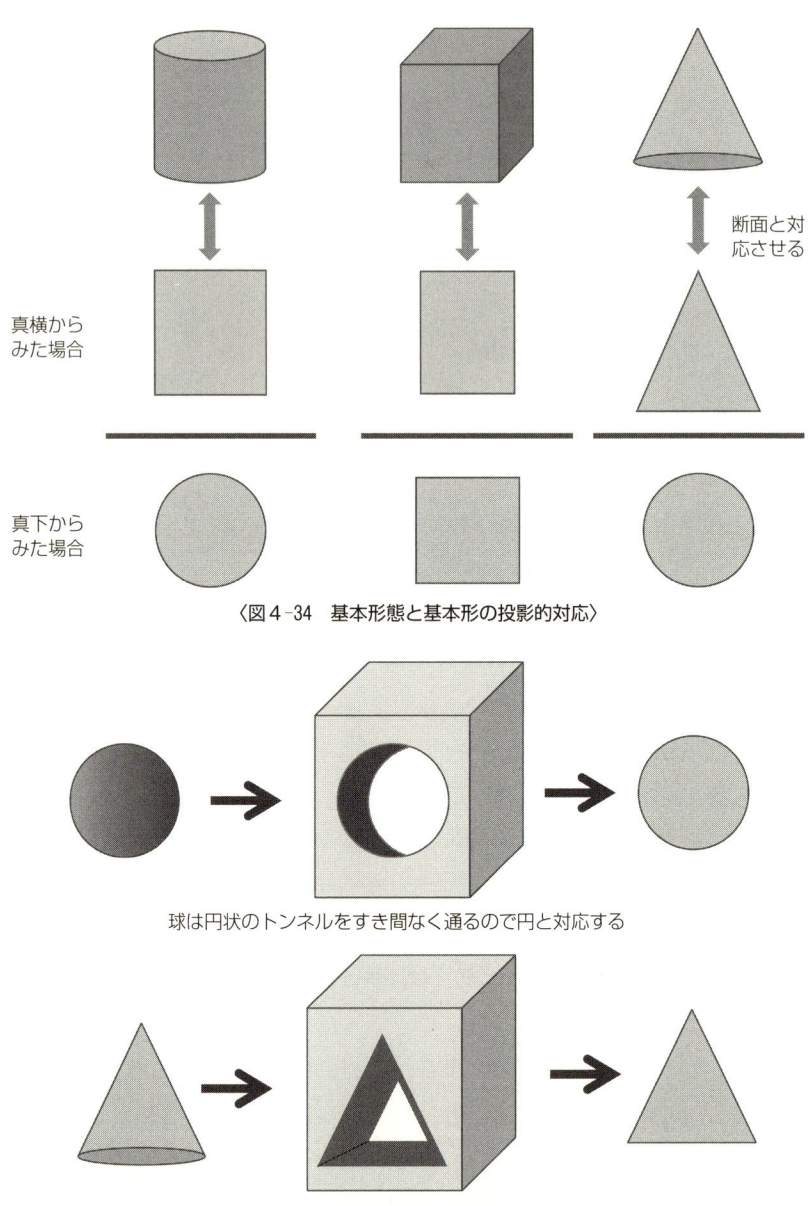

円錐は三角状のトンネルをすき間なく通るので三角と対応する

〈図4-35　トンネル法による基本形態と基本形との対応〉

り抜き，このトンネルを「すき間なく通る」という体験を通して，基本形態と基本形の一対一対応を理解させるという活動です。「球は円状のトンネルをすき間なく通るから円と対応している」「円錐の側面は三角状のトンネルをすき間なく通るから三角形と対応している」というように，断面を観察しなくとも，トンネルを通すという活動を通して立体の曲面と基本形との投影的対応関係を理解させることができるのです。この手法は，基本形態の見取り図や，人形・自家用車などの立体と平面に描かれた簡単な絵（図）との対応関係を理解させるのに役立ちますので，ここではその入門として，トンネル法による基本形態と基本形との対応関係をしっかりと理解させておくことが大切です。

5) 合同・相似な基本形の重ね合わせ（図4-36）

図4-36に示すように，同じ大きさの厚紙の円形を積み重ねたり，少しずつ大きさの異なる厚紙の正方形を積み重ねたりすると，円柱や四角錐台ができます。四角錐台は，なおも積み重ねていくと四角錐になります。こうした一連の変化の様子を観察して，立体と平面との関係を理解させるのがこの活動のねら

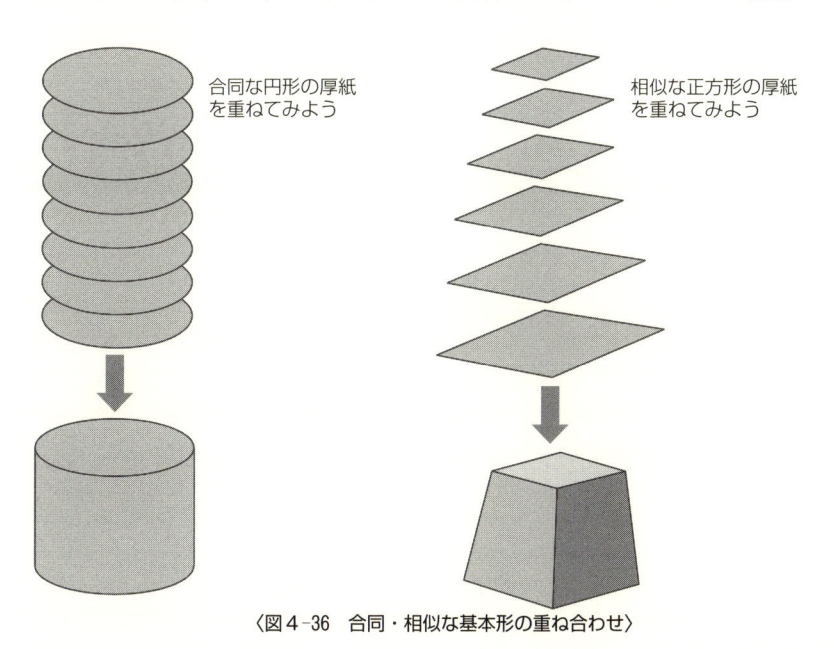

〈図4-36　合同・相似な基本形の重ね合わせ〉

いです。また，ひょうたんの形や楕円球の形をこのような手法で作るにはどうしたらよいか考えさせ，実際に材料を準備して貼り合わせるのも興味深い活動になります。

なお，「合同」や「相似」という言葉の理解が難しい発達段階の子どもに対しては，「合同」を「柱ができる形」，「相似」を「錐台のできる形」と呼ばせるのも一つの方法だと思います。

6）基本形態の組み合わせによる立体の自由製作（図4-37）

図4-37に示すように，いくつかの基本形を与え，それを貼り合わせるなどして立体を自由に製作させます。しかし，自由にといっても，最初はなかなか形が整わないと思いますので，基本形態をベースにして，その組み合わせによってユニークな立体を製作させるとよいでしょう。

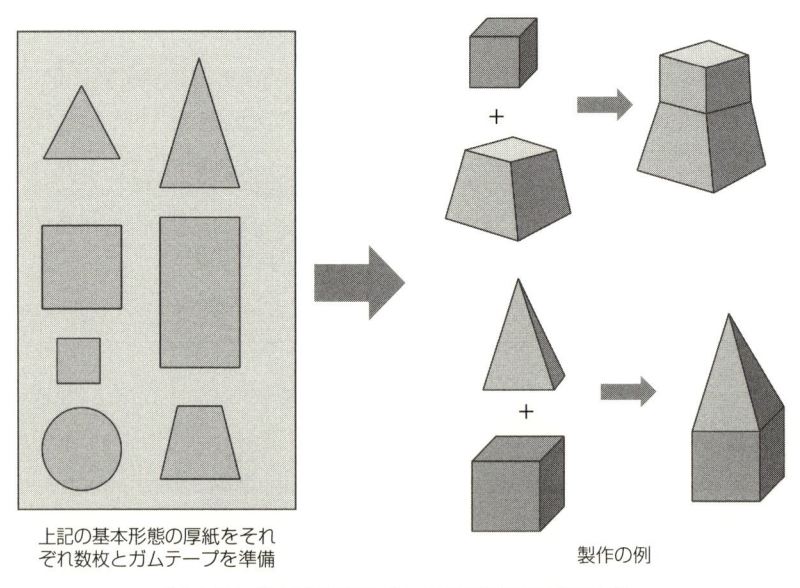

〈図4-37 基本形態の組み合わせによる立体の自由製作〉

(6) 面図形のイメージの構成

1) 立体と受け枠との対応（図4-38）

図4-38に示すような市販されている「立体と受け枠との対応関係のボックス」を用いて，立体の形をボックスの中に入れていく活動です。

この場合，どのような工夫をすれば，スムーズに早くボックスの中に立体を入れることができるか，その方法の工夫をさせることが大切です。例えば，最初に受け枠を通す面に着目して，四角形の立体・三角形の立体・ギザギザの立体・丸っこい立体などに分類しておくと効率的な作業を行うことができます。

2) 受け枠と基本形の対応（図4-39）

図4-39に示すように，受け枠を見本として示し，この受け枠にすき間なく入る基本形を選択肢の中から選んで対応させる活動です。最初は試行錯誤を容認することも大切ですが，見本として示されている受け枠をしっかりと観察して，確かな予測に基づいて選択肢の中から基本形を選ぶような活動へと導くことが大切です。

なお，単純な「受け枠と基本形の対応」がスムーズにできるようになれば，市販されている型はめやモンテッソーリ教具の「幾何パズル」など，たくさんの類似形の受け枠に対応する基本形を次々とはめ込んでいく活動をさせるとよいでしょう。この場合，同じ三角形にもいろいろな種類のものがあることを認識し，それらの類似形を弁別するためにはどのように手指を使って観察すればよいかなどを操作的に理解させることが大切です。また，常に予測しながらはめ込むことの大切さを理解させるようにします。

3) 合同な基本形の仲間分けⅠ（図4-40）

図4-40のように，左に示す見本の「円・正方形・長方形・三角形」の4つの部屋を用意し，「合同（形も大きさも同じ）」という観点から，右に選択肢として示す基本形をそれぞれの部屋に仲間分けするという活動です。合同な形は，「ぴったりと重なる」という点を十分に理解させることが大切です。この場合，材料が異なっても形も大きさも同じならば合同であるという認識を確認します。

市販されている「立体と受け枠との対応関係のボックス」を用いて，立体の形をボックスの中に入れていく

〈図4-38　立体と受け枠との対応〉

見本（受け枠）　　選択肢として示す基本形

市販されている型はめ

モンテッソーリ教具の中のメタルインセッツ

―市販品―

受け枠と対応する基本形を選んで枠に収める

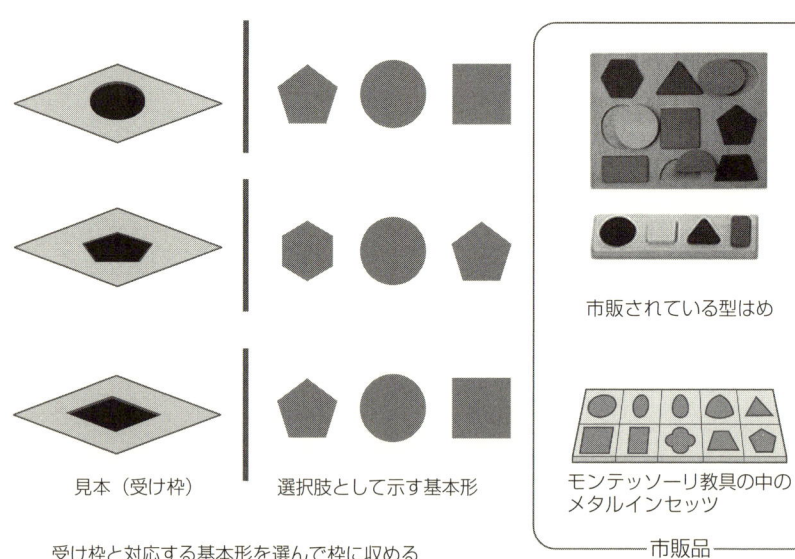

〈図4-39　受け枠と基本形の対応〉

92　第4章　認知と動作の基礎支援の学習プログラムⅡ

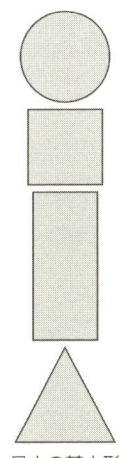

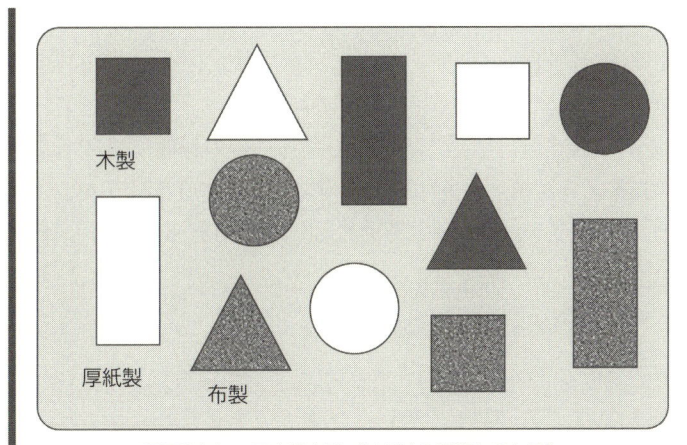

見本の基本形　　　　選択肢として示す基本形（材料は3種類からなる）

左に示す見本の「円・正方形・長方形・三角形」の4つの部屋を用意し，「合同（形も大きさも同じ）」という観点から，選択肢として示す右の基本形をそれぞれの部屋に仲間分けする。なお，材料は異なっても，「合同」という概念の育成が大切

〈図4-40　合同な基本形の仲間分けⅠ〉

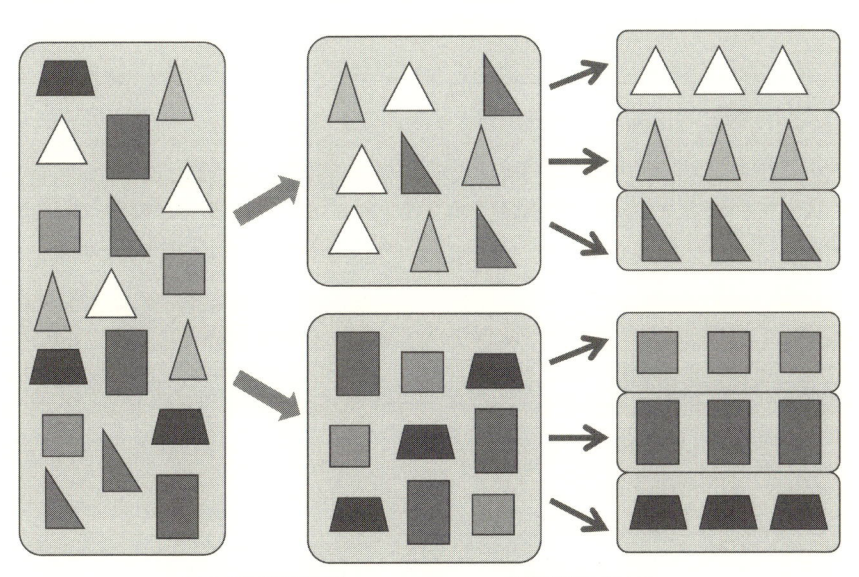

二つの仲間に分ける　　　　合同な形に分ける

〈図4-41　合同な基本形の仲間分けⅡ〉

2　身のまわりのモノの形のイメージづくりの学習内容　　93

4) 合同な基本形の仲間分けⅡ（図4-41）

　図4-41に示すように，三角形（正三角形，二等辺三角形，直角三角形等），四角形（長方形，正方形，平行四辺形，台形）など，合同な形を数枚ずつ用意して，これを一つの箱などに混ぜて入れ，まず，「三つの仲間に分けてごらん」と指示して，三角形・四角形・円形の三つの仲間に分類させます。次いで，三角形，四角形の一つ一つに着目させ，合同な形ごとに分類させていきます（合同な形は，「ぴったり重なる」ことを確認させます）。

　こうして合同な形が仲間分けできたら，一つ一つの合同な形の性質を操作的活動を通して理解させることが大切です。三角形を例に取ると，正三角形の場合は120度ごとの回転や裏返しによっても重なり合うこと，直角三角形は2枚の直角をそろえて並べると直線になることなどです。このように，「回転して重ねる」「裏返して重ねる」「並べる」「2枚を合わせる」などが，形の性質を操作的に調べる場合に大切なことを理解させていきます。四角形や他の形についても同様に，その性質を発見的に学習させてください。

5) 相似な基本形の仲間分け（図4-42）

　図4-42の左に示す見本の「円・正方形・長方形・三角形」を分類するための4つの部屋を用意し，「相似（形が同じ）」という観点から，右の選択肢として示す基本形をそれぞれの部屋に仲間分けするという活動です。

　少しずつ大きさの異なる相似形を重ねていくと，階段や錐台ができることを操作を通して体験させ，このような形は，大きさは異なるが形は同じであることを理解させます。この場合，「相似」という言葉をそのまま与える必要はありません。「形が同じ」であるとはどのようなことかが理解されたら，例えば，相似な三角形数枚と異なる三角形数枚が混ざったものから同じ形を選び出させ，前述の操作（重ねるときれいな階段状の錐台ができる）を通して確認させることが大切です。

6) 円状形・三角形・四角形の仲間分け（図4-43）

　図4-43の左に示す見本の「円・三角形・四角形」を分類するための三つの部屋を用意し，「似ている形」という観点から，右に示す円状形・三角形・四

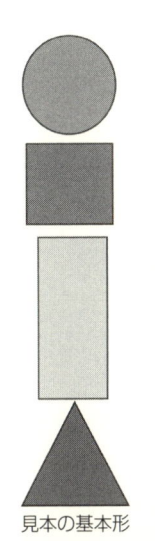

見本の基本形　　　　　　　選択肢として示す基本形

左に示す見本の「円・正方形・長方形・三角形」の4つの部屋を用意し，「相似（形が同じ）」という観点から，右の選択肢として示す基本形をそれぞれの部屋に仲間分けする

〈図4-42　相似な基本形の仲間分け〉

見本の基本形　　　　　選択肢として示す円状形・三角形・四角形

左に示す見本の「円・三角形・四角形」の三つの部屋を用意し，「似ている形」という観点から，右に示す円状形・三角形・四角形をそれぞれの部屋に仲間分けする

〈図4-43　円状形・三角形・四角形の仲間分け〉

2　身のまわりのモノの形のイメージづくりの学習内容

角形をそれぞれの部屋に仲間分けさせる活動です。この場合,「合同な形」や「相似な形」のみならず,「円のように丸みのある形」,「三角な形」,「四角な形」というように,形を大まかに分類する視点を理解させることが大切です。こうした大まかな形の分類の中に,「合同な形」や「相似な形」を位置づけるという概念形成の活動だと理解してください。

7) 長方形・平行四辺形・二等辺三角形の一辺の長さの変化（図4-44）

図4-44に示すように,長方形と二等辺三角形の辺の長さが変化している様子を観察して順序よく並べ,並べた後にどのように変化しているかを言葉で説明させるという活動です。この場合,長方形と正方形の関係,二等辺三角形と正三角形との関係を操作的に理解させることも大切です。例えば,「長方形は180度回転させないと重ならないが,正方形は90度回転させると重なること,正方形は4つの辺の長さが同じであること」「二等辺三角形は裏返したら重なるが,正三角形は二等辺三角形の性質に加えてどの角でも合わせれば重なること,二等辺三角形は二つの辺の長さが等しいが,正三角形は三つの辺の長さが

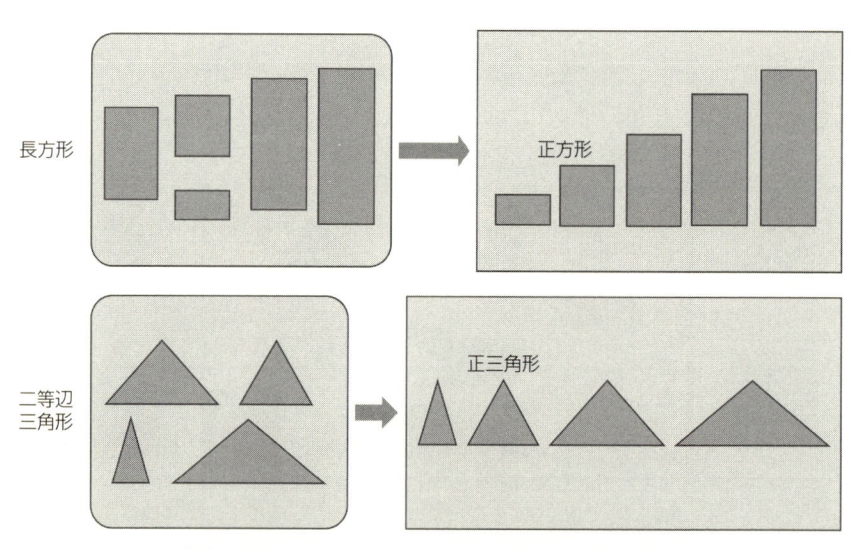

順序よく並べた後,どのように変化しているかを言葉で説明する

〈図4-44　長方形・並行四辺形・二等辺三角形の辺の長さの変化〉

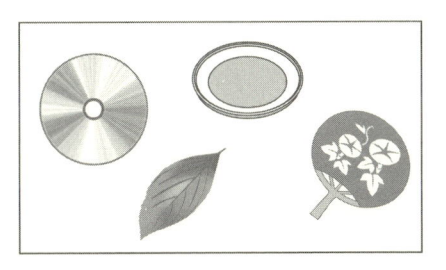

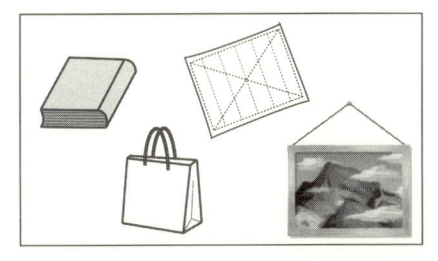

① 二つの仲間に分けてごらん
② 丸っこい形と四角っぽい形に分けてごらん

〈図4-45　多少凹凸のある面図形の仲間分け〉

等しいこと」などです。

8）多少凹凸のある面図形の仲間分け（図4-45）

　図4-45に示すように，壁かけ，CD，お皿，紙袋，木の葉，雑巾などを四角形に似ている形，円形に似ている形などと多少の出入りや凸凹は捨象して分類させる活動です。大まかに形をとらえるとともに，基本形に似ているところと異なるところを認識させることが大切です。

9）面図形の合成（図4-46）

　図4-46に示すように，厚紙などで作製したいくつかの形を与えて，指示する形を構成させるという活動です。モンテッソーリ教具の「構成三角形」や，真空成型機で型抜きしたものなどを用いて，三角形や四角形などの基本形を枠の中にすき間なくはめて合成させるという活動もわかりやすくて有効な活動です。この場合，合同な基本形を用いて合成させる方が構成の手順や予測を立てさせる上で有利なようです。また，これらの基本形を磁石で裏打ちし，スチール板などと組み合わせて使用すると，構成した形がくずれないので活動がしや

半円2枚を用いて
円を作りなさい

モンテッソーリ教具の「構成三角形」

直角二等辺三角形
2枚を用いて次の
形を作りなさい

正方形　　直角二等辺三角形　　平行四辺形

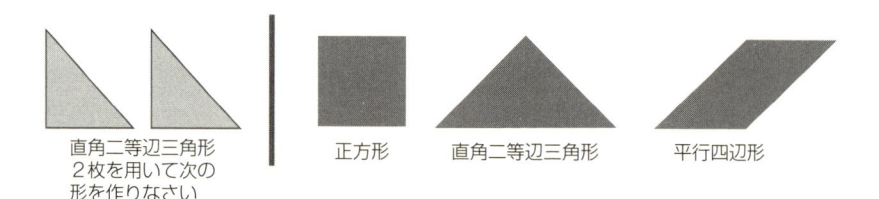

〈図4-46　面図形の合成〉

すくなります。その他，人や動物，車などを部分に分解して構成させることも考えられます。

10）面図形の分解（図4-47）

　図4-47に示すように，三角形や四角形，平行四辺形等の紙を切るなどして，いくつかの基本形に分解させるという活動です。この場合，「正方形を同じ大きさの2枚の三角形に分けなさい」「正方形を同じ大きさの4枚の三角形に分けなさい」などと，分解の観点を与えて作業をさせます。なお。はさみなどで切る技能よりも，分解の意図が正しいか否かを評価の観点にすることが大切です。そのため，点字用紙などの少し厚めの紙を与え，しっかりと折り線をつけて手で分解させるのも一つの方法のようです。

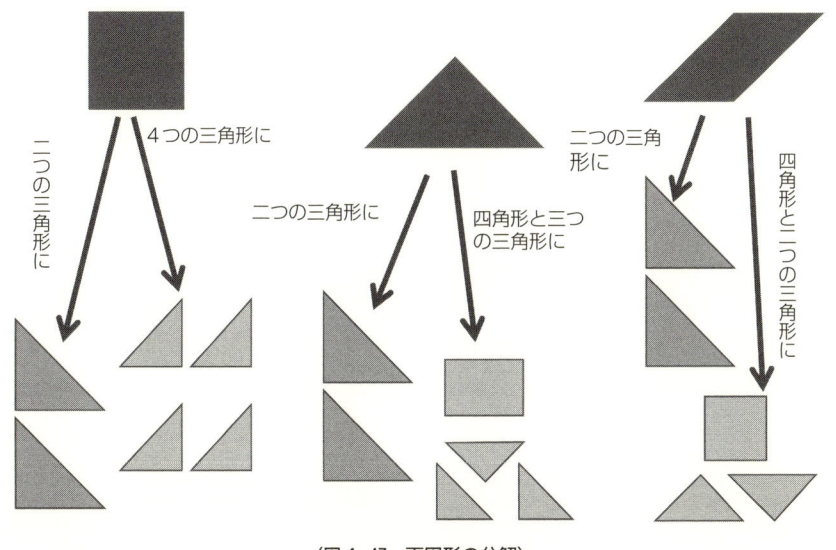

〈図4-47　面図形の分解〉

(7) 面図形と線図形などとの関係の理解

1) 面図形などの輪郭たどり（図4-48）

　図4-48に示すように，小型のスチール黒板等にゴム磁石で裏打ちした厚紙等の図形を置きます。図形中の丸印に左手の人差し指等を置き，ここを起点として右手の人差し指等で輪郭をたどり，どんな形かを理解させるという活動です。この場合，直線たどりとともに「角」を意識させることが重要です。

　モンテッソーリ教具の「メタルインセッツ」などを用いて，表面作図器の上でたどり書きをさせ，描かれた図形と面図形を再度重ね合わせて対応づけたり，線図形を指たどりして同じ形を面図形の中から選んだりさせる活動も有効です。この場合，たどり書きをスムーズに行うためのコツを習得させることも大切です。

2) 線図形の構成（図4-49）

　図4-49に示すように，紐状のゴム磁石などを用いて，スチール板の上に指

小型のスチール黒板等に，ゴム磁石で裏打ちし
た厚紙等の図形をのせる

丸印に左手の人差し指等を置き，ここを起点と
して右手の人差し指等で輪郭をたどる

〈図4-48　面図形の輪郭たどり〉

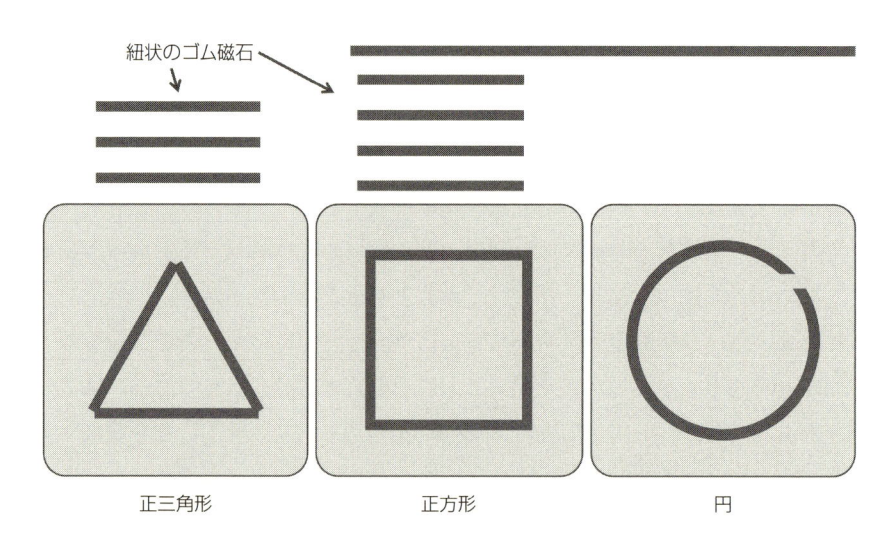

紐状のゴム磁石

正三角形　　　　　　正方形　　　　　　円

紐状のゴム磁石を用いて，スチール板に指定された形を構成する

〈図4-49　線図形の構成〉

100　第4章　認知と動作の基礎支援の学習プログラムⅡ

定した形，例えば三角形・四角形・円形などを構成させるという活動です。

また，子どもの実態によっては，表面作図器を用いてフリーハンドで図形を描かせることも，この活動の一環として行わせるとよいでしょう。

3）合同な線図形カードの一対一対応（図4-50）

図4-50に示すように，見本として示す三角形や四角形の線図形カードを観察して，選択肢として示すカードの中から合同な形を選び出して一対一対応させるという活動です。

4）線図形カードの同形分類Ⅰ（図4-51）

図4-51に示すように，見本カードの三角形や四角形の線図形カードを観察して，選択肢として示す線図形カードから，同じ形のカード（合同や相似のカード）を選択させるという活動です。指先でしっかりと線図形カードを観察しているかどうかを評価しながら，観察の技能が未熟な場合には，両手を協応させながら観察する方法や起点を決めて観察する方法，できるだけ多くの指を動員して観察する方法などを具体的に指導することが大切です。

　　　見本カード　　　　　　　　選択肢として示すカード

〈図4-50　合同な線図形カードの一対一対応〉

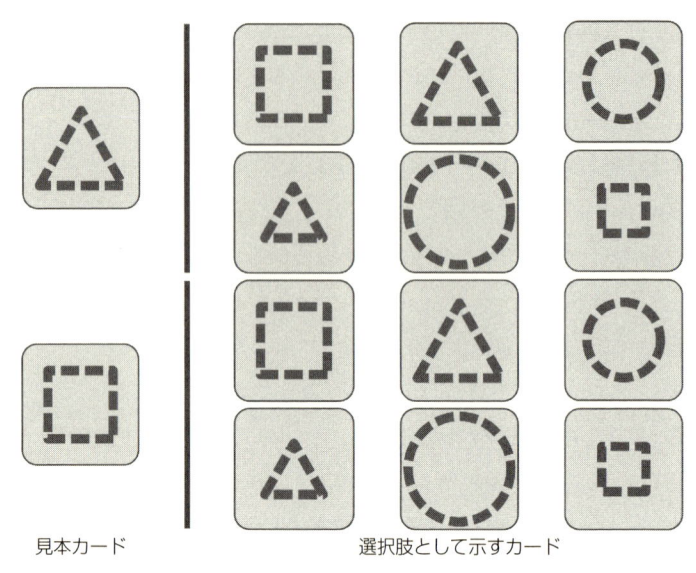

〈図4-51　線図形カードの同形分類Ⅰ〉

見本カード　　　　選択肢として示すカード

5）線図形カードの同形分類Ⅱ（図4-52）

　図4-52に示すように，見本として示す円形・三角形・四角形の線図形カードを観察して，選択肢として示す線図形カードを見本と同系列の仲間に分けるという活動です。

　具体的には，円形・三角形・四角形の線図形カードの仲間を入れる三つの部屋を用意し，選択肢の形を「これを全部，三つの部屋のどこかの仲間に入れてください」と指示して仲間分けの活動をさせます。仲間分けした後は，(5)-5)で提案したように，「合同」を「柱のできる形」，「相似」を「錐台のできる形」，同系列の形を「三角形の家族」，「四角形の家族」，「丸っこい家族」などと命名し，どの形が「柱のできる形」でどの形が「錐台のできる形」か，どの形が「～の家族」かなどを確認することが大切です。

6）線図形カードの合成（図4-53）

　図4-53に示すような線図形カードを示して，左側の見本の線図形カードと合わせるときれいな円形や三角形になる線図形カードを右側の線図形から選択

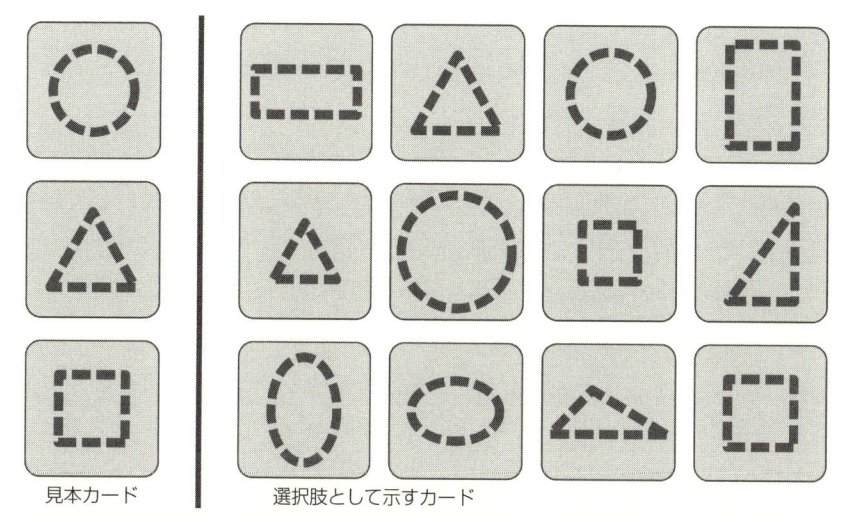

見本カード　　　選択肢として示すカード

左に示す見本の「円形・三角形・四角形」の三つの線図形カードの部屋を用意し，同系列の形という観点から，右の線図形カードをそれぞれの部屋に仲間分けする

〈図4-52　線図形カードの同形分類Ⅱ〉

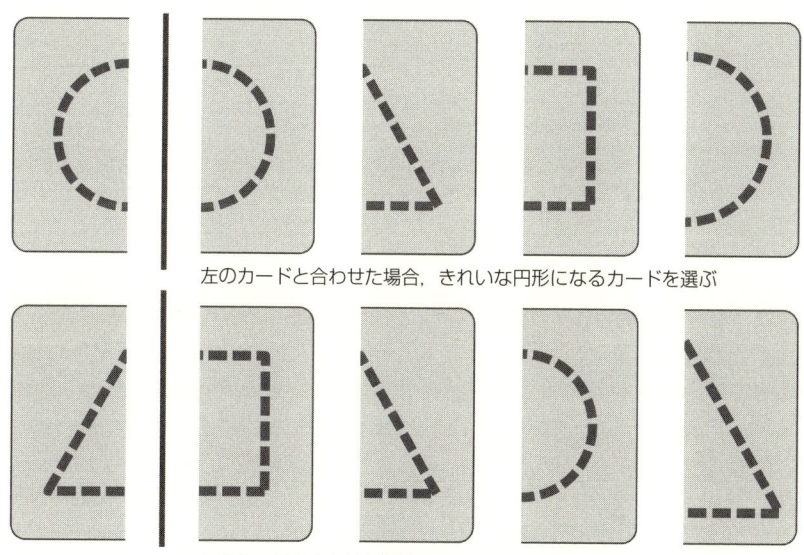

左のカードと合わせた場合，きれいな円形になるカードを選ぶ

左のカードと合わせた場合，きれいな三角形になるカードを選ぶ

〈図4-53　線図形カードの合成〉

2　身のまわりのモノの形のイメージづくりの学習内容　103

させるという活動です。この活動においては，むやみに試行錯誤するのではなく，明確な予測を立てて選ばせるようにすることが大切です。

7）線図形カードの分解（図4-54）

図4-54に示すように，四角形や三角形，平行四辺形などの線図形カードを，指示された図形に表面作図器などを用いて分解するという活動です。この場合，定規やペン等の道具の使い方の技術よりも，明確なイメージをもって作業を行っているか否かを評価の観点にすることが大切です。

8）重なった線図形の読み取り（図4-55）

図4-55に示すように，三角形と四角形が重なっている線図形カードをスムーズに読み取らせるために，3枚のカードを用います。まず最初のカードは，重なっている一方の四角形を強調して，四角形に沿った観察を行うことができるようにし，次いでもう一方の三角形を強調して，三角形に沿った観察を行うことができるようにします。最後のカードで両方を合わせた観察ができるようにします。このように，分析的な提示を行うことによって，重なり図形の触覚

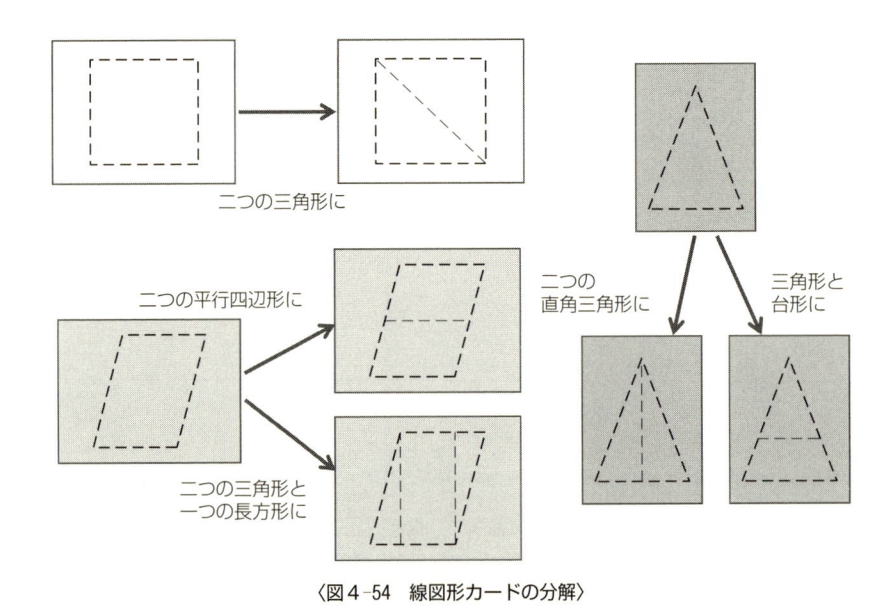

〈図4-54　線図形カードの分解〉

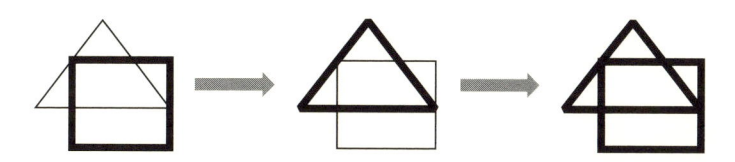

上の図のように，重なっている一方の四角形を強調して，最初は，強調した四角形に沿った観察を行うことができるようにし，次いでもう一方の三角形を強調して強調した三角形に沿った観察を行うことができるようにする。最後に両方を合わせた観察ができるようにする

モンテッソーリ教具のメタルインセッツ

メタルインセッツを用いて図のような重なり図形を描く

点図を観察した後，どのような重なり図形かをメタルインセッツを用いて説明させる

モンテッソーリ教具のメタルインセッツの活用

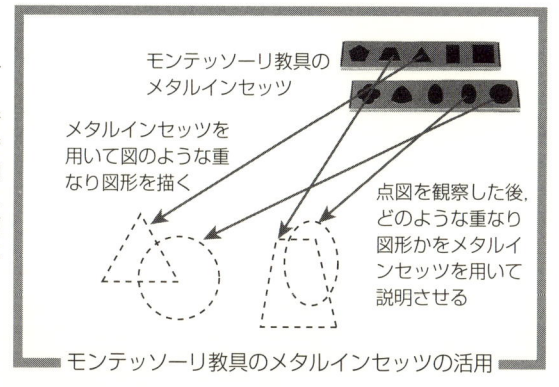

〈図4-55　重なった線図形の読み取り〉

的観察のコツを会得させることができます。

　また，図4-55の右下に示したように，モンテッソーリ教具の「メタルインセッツ」を用いて，実際に重なり図形を描かせ，その過程を通して重なり図形の構造を理解させるのも一つの方法です。

(8) **基本形態の二次元的表現や読み取り**

1) 基本形態の投影的表現や読み取り（図4-56）

　図4-56に示すように，投影図をみて基本形態を特定したり，逆に基本形態をみて投影図を選定したりする活動です。投影図は「真下からみた場合の形」と「真横からみた場合の形」というような言い方でよいのではないかと思います。また，曲面のある形に関しては，図4-35で示した「トンネル法」を思い起こして平面図との投影的対応を図ってもらいたいと思います。

2) 具体物と凸図および線図の対応（図4-57）

　図4-57に示すように，スプーン，フォーク，栓抜きなどの具体物と，これ

2　身のまわりのモノの形のイメージづくりの学習内容　　105

真横から
みた場合

真下から
みた場合

〈図4-56　基本形態の投影的表現や読み取り〉

　　具体物　　　　真空成型器で型取りした凸図　　　点図形カード

〈図4-57　具体物と凸図および線図形との対応〉

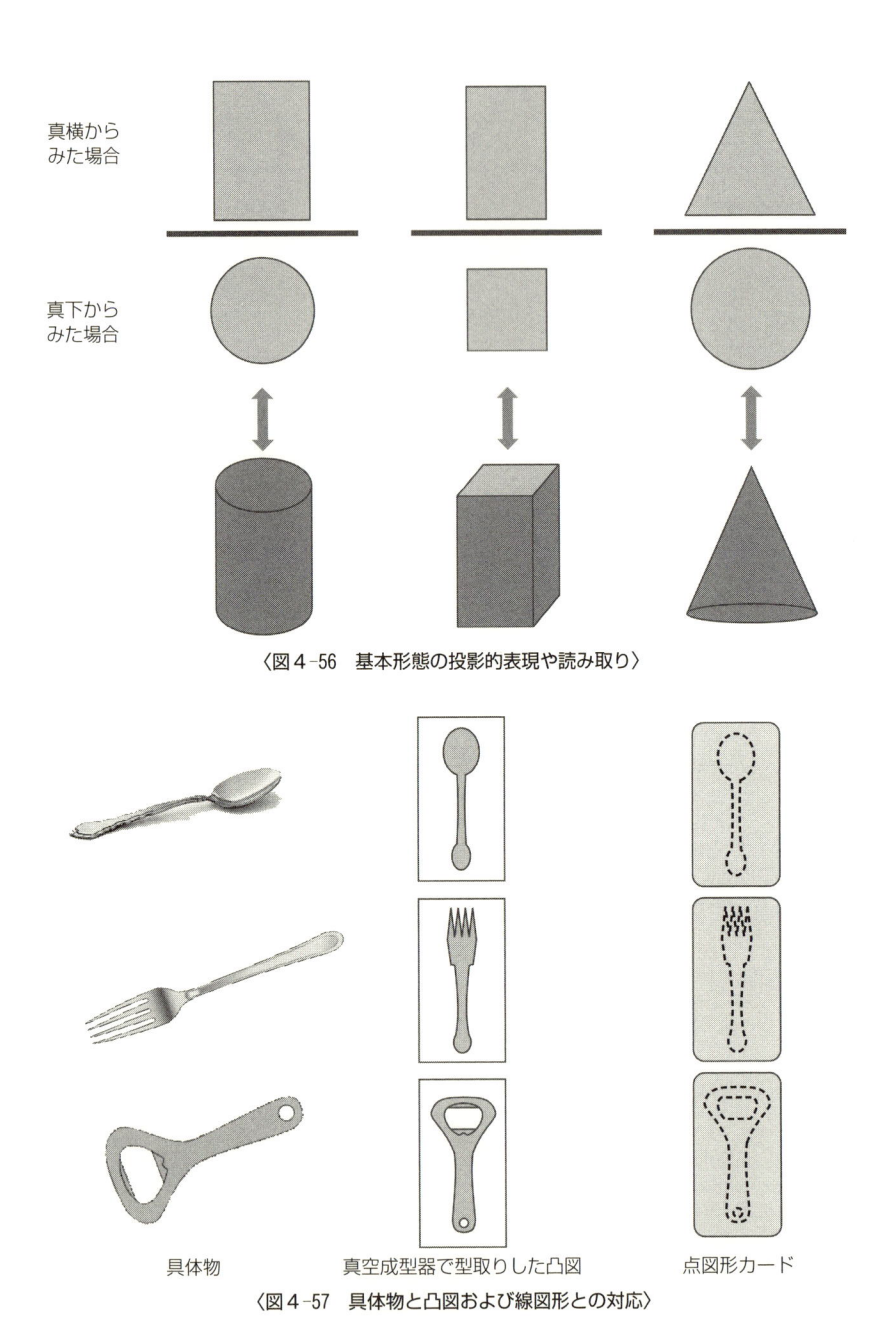

らを真空成型器等で直接型取りしたもの（凸図），および型取りした凸図の外形を線図形で表したものの3種類を用意し，具体物と凸図，凸図と線図形の一対一対応をさせるという活動です。このような学習により，具体物と線図形の対応関係が理解できるようになれば，簡単な具体物と線図形の対応関係の学習へと発展させていくことができます。

3）「トンネル法」による見取り図の読み取りと表現 (図4-58)

円柱や円錐を少し傾けた場合，図4-58の①に示すような形になり，②に示すような発砲スチロール板のトンネルをすき間なく通ります。このことから③のような投影図を導き出し，さらに④のような見取り図として理解できるようにする活動です。経験的にみてこの学習は，小学部の3～4年生で可能になるようです。また，2～3の基本形態についてトンネル法による学習をすれば，この手法を用いなくても見取り図的手法により，新しい基本形態についても読み取ったり表現したりすることができるようになります。

4）「トンネル法」による簡単な絵の理解 (図4-59)

図4-59の①に示すような自家用車やキューピー人形は，②に示すような発泡スチロール板のトンネルをすき間なく通ります。このことから③のような自家用車やキューピー人形の外枠の形を導き出し，絵の理解へと導いていきます。

何回かていねいな説明を加えながら観察させると，投影的対応関係の理解が生まれ，実物と二次元的表現としての絵の対応関係がわかるようになっていきます。ぜひ実践してもらいたいものです。

(9) 支援や指導を進める上でのいくつかのヒント

第3章の「2 モノの属性の弁別と尺度化の学習 (3)支援や指導を進める上でのいくつかのヒント」において，「1）子どもの実態に応じた指示の出し方の工夫」「2）効率的な分類整理のための枠作りの工夫」「3）試行錯誤から効率的な活動への深化を大切に」「4）明確な概念に裏づけられた名称の付与」の4つの観点から支援や指導を進める上でのヒントについて述べましたが，これらは，第4章においてもまったく同様なヒントとして大切であるといえます。そこで

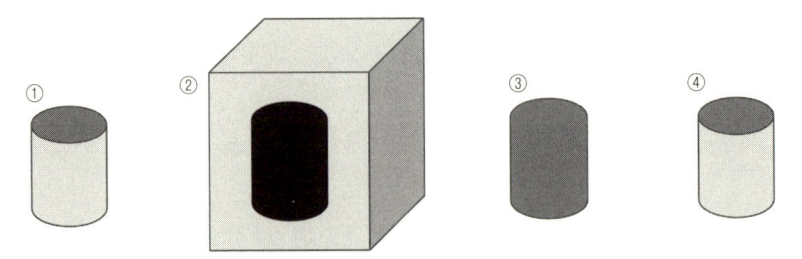

①のように，円柱を少し傾けた場合，②のトンネルをすき間なく通る

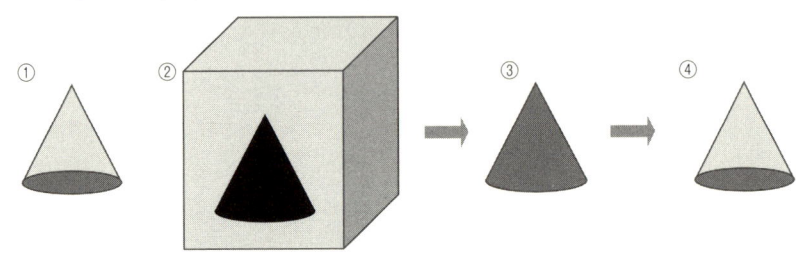

①のように，円錐を少し傾けた場合，②のトンネルをすき間なく通る
〈図4-58　トンネル法による見取り図の読み取りの表現〉

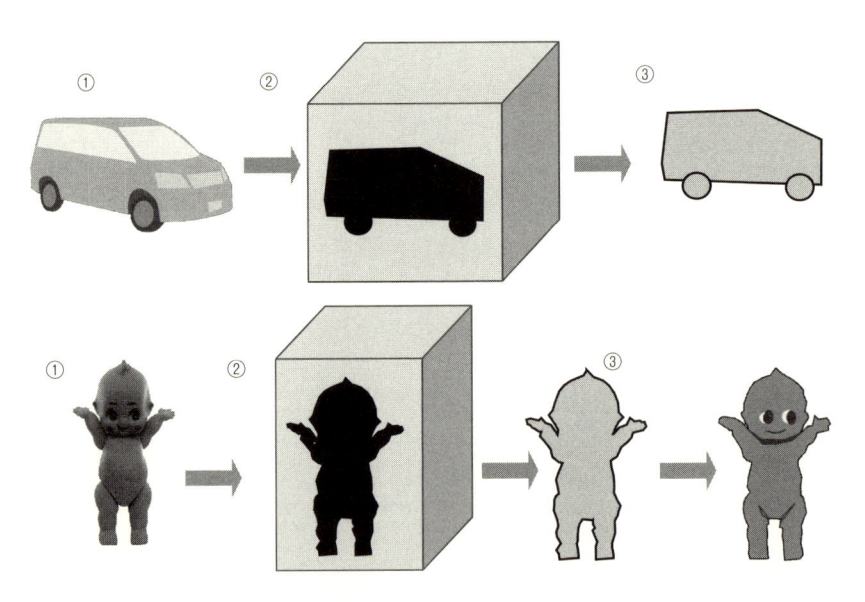

〈図4-59　トンネル法による簡単な絵の理解〉

108　第4章　認知と動作の基礎支援の学習プログラムⅡ

これらは，ここでは繰り返さないこととし，異なる観点からいくつかヒントを述べてみます。

1）算数等の教科学習との関連

基本形態や基本形の学習は，特に算数・数学の学習内容との関連が強い分野です。しかしここで取り上げる意図は，身のまわりの様々なモノの形を触運動を通して理解しやすくすることですから，算数・数学の学年配当等とは関係なく体験的に理解できる子どもには，どんどん取り上げていくことを原則とします。なお，当然ここでの体験は，算数・数学の学習を進める上において大きな力となるに違いありません。

2）基本形態のイメージづくりの重要性を大切に

触運動の特性にかんがみ，継時的な観察によっても全体的な形のイメージが保存しやすくなるような核になる体験をさせるのが目的なので，その核となる基本形態のイメージづくりには特に時間をかけてていねいに指導することが望まれます。この場合まず，球，円柱，四角柱，三角柱，円錐，四角錐，三角錐等の概念を明確にした後に，球状の仲間には球・楕円球・タマゴ形等があること，四角柱の仲間には立方体・直方体・その他の六面体等があることなどと，同じ仲間の中にも細分化される形があることへの理解を促していくようにします。

3）体験を通した理解の重視

例えば，球はどちらの方向にもスムーズに回転するが，楕円球は特徴のある回転をする，合同な基本形を積み重ねると柱状になり，相似な基本形を積み重ねると階段状の錐台やタワーになる，直角（90度）を二つ並べると直線になる，立体もどんどん薄く切っていくと最後には平面のようになる，などというように，体験を通した感覚的な理解を優先し，理論や理屈で理解させるような手法は避けるようにした方がいいと思います。

4）試行錯誤や失敗を奨励して積極的な活動を促す

特に盲児は，失敗を恐れて活動が緩慢になりがちです。そこで，とにかく活動することの楽しさを優先させるようにします。失敗したり試行錯誤したりす

ることを奨励するため，「失敗は成功の母だよ」というように失敗や試行錯誤をほめて，やる気を起こさせたり，次の試行錯誤を奨励して方向づけをしたり励ましたりすることが大切です。

5) 指導の順次性に配慮を

　ここで示したプログラムは，ある程度易から難へを考慮して内容の配列をしていますが，具体的な学習を進める場合，必ずしもこの順序にこだわる必要はありません。子どもたちの理解の程度や反応の状態を見極めて，指導や教材提示の順序を臨機応変に変更していただきたいと思います。

6) プログラム補強の大切さ

　ここで示したプログラムは，非常に荒いプログラムなので，必要に応じてその間を埋めるきめ細かなプログラムを考える必要があります。子どもの実態を観察しながら，荒いプログラムを埋める努力を行っていただくことを強く要望しておきます。また，体験的に理解を促すことが困難だと判断した内容を，無理やり押しつけることのないように留意する必要があります。

　いうまでもなく，教育は決して1から10までをていねいに教えることを金科玉条にすべきではありません。ある子どもは，1と5と10を教えれば，2から4，6から9は自力で解決する力をもっています。またある子どもは，1と10を教えるだけで2から9は，自力で埋める力をもっているかも知れません。逆に，1・2・3…と順序立てて教えるだけでは不十分で，1・1.5・2・2.5ともっときめ細かなステップを用意して支援に当たる必要がある子どもも少なくありません。子どもの力を見極めて，その子どもに合ったステップを用意するよう努力していただければ幸いです。

第5章　空間のイメージづくりの学習

1　学習の位置づけとねらい等

　視覚は，空間の広がりや位置関係，あるいは移動とともに刻々と変化する自己と空間との関係を理解するに十分な情報を私たちに与えてくれます。したがって，視覚活用に支障のない子どもの場合は，日常生活や歩行に必要な空間のイメージをどのように学習させるかなどという課題にそれほど真剣に取り組む必要はないのですが，視覚の活用が期待できない盲児の場合は，たいへん重要な課題としてきめ細かく対応しなければなりません。こうした空間のイメージをつくる学習過程は，「比較的狭い空間のイメージづくりの学習」と「比較的広い空間のイメージづくりの学習」に分けることができます。「比較的狭い空間のイメージづくりの学習」は，移動を伴わない段階の自己中心的な空間のイメージづくりであり，移動を伴い，刻々と変化する自己と空間との位置関係を把握するための「比較的広い空間のイメージづくりの学習」を成立させるための基本として位置づけることができます。しかしこの両者の学習過程は，複雑に関連しながら進行しますし，前者の学習が終了しなければ後者の学習が成立しないというものでもなく，内容によっては両者を併せながらプログラムを組んだ方がわかりやすい部分もあるので，ここでは両者のプログラムを明確に分けないで記述することとします。

　ところで，視覚活用に支障のない子どもの場合も，当然のことながら空間に関するイメージは，生まれたときから備わっているわけではなく，様々な経験や学習を経て発達します。乳児が最初に出会う空間の位置関係への興味関心は，自己の身体だといわれており，この身体像や身体概念を出発点として空間の広

がりの理解が広がっていくのです。つまり，自己の頭・顔・上肢・下肢・体幹などの身体像（ボディイメージ）や上肢や下肢等がどのような状態になっているか（上肢を真上に伸ばしたり真横に広げたりしている，下肢を折って座っている等）も含む身体概念（ボディシェーマ）の形成を基本として，自己の体を原点として，前側・後側・左側・右側に空間を仕切る「身体座標軸」を成立させ，さらに，自己中心的な「身体座標軸」から「空間座標軸」へと座標系を移転して客観的に空間をとらえる能力へと発展させていくとみられています。一方，移動を伴うような広い空間の概念に関しては，「活動中心的定位の段階」から「ルートマップ型表象の段階」へ，さらに「サーヴェイマップ型表象の段階」へと発達するといわれています。

　一般に，ハイハイを始めた乳児やよちよち歩きができるようになった幼児は，慣れた部屋の中などならどこへでも移動して行って自分の欲しいモノを手にしたり目的を果たしたりできるようになります。このように，空間概念が未熟な段階にもかかわらず，ある限られた空間の範囲においては，身体移動に基づく感覚を基礎として空間内の事物を位置づけて行動することができるのです。これが「活動中心的定位の段階」で，一般的には3歳頃までこの発達段階にあるといわれます。また，「活動中心的定位の段階」の次に現れる「ルートマップ型表象の段階」は，私たちが旅行するとき作成するルート図に似た図式の空間概念の発達段階です。例えば，家を出て最寄りの駅まで歩き，そこから電車で東京駅に行って新幹線で○○駅に向かう……，というような直線的なルート図で，順次性が先行していて面の広がりにまではいたっていない地図だと考えていただければわかりやすいと思います。この「ルートマップ型表象の段階」は，一般的に4歳頃から9歳頃まで続くといわれます。この「ルートマップ型表象の段階」を経て，私たちが見慣れた面の広がりをもった2次元的地図である「サーヴェイマップ型表象の段階」へと進むのですが，この段階は通常9歳以降に現れるとされています。

　以上述べた空間概念の発達はごく一般的な人間行動の発達の筋道ですが，視覚に障害のある盲児の場合も，この一般的な空間概念の発達の筋道に沿って発

達すると考えられますので，この筋道を踏まえて空間概念の発達を促す学習プログラムを開発する必要があります。

　しかし筆者の経験からみて，適切な指導が行われた盲児の場合は，「ルートマップ型表象の段階」は3歳後半から5歳ないし6歳前半頃までで，6歳後半頃からは「サーヴェイマップ型表象の段階」に移行することが可能ですから，この点を踏まえて実践活動を展開することが大切です。

　以下の学習プログラムは，以上述べた点を踏まえて作成し，実践したものです。

2　学習プログラムの概要

　ここでは，「活動中心的定位の段階」「ルートマップ型表象の段階」「サーヴェイマップ型表象の段階」のそれぞれの発達段階にある盲児に対して，どのような指導を行ったらいいかの大筋を示しますが，これらのプログラムは，知的な障害を伴わない盲児の場合，おおむね1歳から10歳（小学部4～5年）頃までを想定したものと考えていただいていいのではないかと思います。なお，「サーヴェイマップ型表象の段階」のプログラムは，非常に多くの内容を含みますが，ここでは，日常的に生活する中心的存在の学校という空間をどのように理解させるかを最終目標としたプログラムを示しました。筆者の実践経験から考えれば，学校という空間の理解が進めば，サーヴェイマップの基本的事項を十分把握することができるので，その発展としての学校近辺や居住地近隣の地理的空間の理解はスムーズに行うことができるからです。

(1)　活動中心的定位の段階

　一般的にみて，この発達段階にある乳幼児は，0歳から3歳後半頃までだといわれています。盲児の場合も，このレベルの発達段階にある者を対象として，次のような活動を促す支援が大切です。
① 日常的に活動する部屋などの特定の空間においては，目的的な移動を自由

に行うことができる。
② 身体像（ボディイメージ）や身体図式（ボディシェーマ）を明確にするとともに，身体座標軸形成の基礎を築く。

(2) ルートマップ型表象の段階

　一般的にみて，この段階にある幼児は，4歳から9歳頃だといわれています。しかし筆者の経験からみると，適切な指導が行われた盲児の場合のこの段階は，3歳後半から5歳ないし6歳前半頃までで，6歳後半頃からは「サーヴェイマップ型表象の段階」に移行することが可能ですから，この点を踏まえて対応することが求められ，次のような支援を展開することが大切です。
① 自己の身体を原点として，前後・上下・左右などと空間を仕切る「身体座標軸」を構成する。
② 人形などを自己に見立てて「身体座標軸」の原点移動を行う。
③ 空間座標軸の基礎を形成し，それによって空間の位置関係を理解する。
④ まっすぐな廊下を往復したりL字の廊下を歩いたりして，歩いた軌跡を指たどりするなどして表現する。また逆に，指たどりした軌跡どおりに実際に歩く。
⑤ 学校など，よく知っている廊下沿いの部屋の順序を積み木や磁石玉で表現する。
⑥ よく慣れた教室などにおいて，いくつかの備品の位置関係を模型などで表現する。また，表現された模型などを観察して，実際の備品との一対一対応を図る。
⑦ ⑥で学習した模型などの配置を，平面に置き換えて表現する手法を理解する。

(3) サーヴェイマップ型表象の段階

① よく慣れた教室などにおける備品等の配置を，180度，90度，270度の心的回転（メンタルローテーション）を伴った状態においても表現したり読み取っ

りすることができる。
② 校舎などの1階部分の教室模型を順序よく並べたり，並べられた教室模型をみて実際の教室との対応関係を理解したりする。この場合，最初は環境対応型の配置を理解するが，理解が深まれば，180度，90度，270度の心的回転においても教室等の配置を理解することができる。
③ 校舎などの1階部分の教室模型の上に，2階部分の教室を並べたり，並べられた教室模型をみて実際の教室との対応関係を理解したりする（3階がある場合は，同様に3階部分も取り入れる）。また，このようにして教室等を配置した場合の全体は，一つの建物であることを理解する。
④ 学校の敷地内をくまなく探索し，建物と建物との関係や，正門，グラウンド，中庭，遊具，学級園などの配置関係を理解するとともに，模型等を敷地内に配置したり，配置された模型等を読み取って実際に歩いたりする。

3　学習プログラムの具体的展開

(1) 活動中心的定位の段階における支援

　この段階は，一般的にみて3歳後半頃までといわれますが，盲児の場合は，適切な支援や指導によって3歳前半までにはこの段階を終えて次の「ルートマップ」へと進めたいものだと思います。

1) 特定の閉じた空間における効率的な移動（図5-1，5-2，5-3）

　「活動中心的定位の段階」の発達レベルにある盲児を対象として，教室などの一定の空間（閉じた空間）内において，入り口から自分の机へ，自分の机から教卓へなどと行きたいところに効率よく移動することができることを目標として支援を行います。

　ここでは，A男（8歳の中等度知的障害を伴う全盲児）とB女（9歳の中等度知的障害を伴う全盲児）の2名を例として，どのような支援を行えばよいかの筋道を述べてみたいと思います。

まずこの二人の日常の学校生活の様子をみてみますと，二人に共通する問題として，よく慣れた教室においても入り口から自分の机までたどり着くのに，無駄な動きが多くかなりの時間を要するという点が浮かび上がります。こういう状況ですから，教室内の目的歩行も当然スムーズにいきません。この狭い教室内だけでもスムーズな目的歩行を成立させることができないだろうかというのが担任教師の願いでした。そこで，A男とB女がどのように教室内の歩行を行っているかを観察してみると，二人とも体を大きく揺さぶったり体の向きを微妙に変えたりしながら歩いていて，担任の訴えどおり無駄な動きが多く，偶然に自分の机にたどり着くといった状況でした（図5-1）。

　そこで，なぜこのような歩行運動になるのか，A男およびB女の行動観察を通して考えてみました。おそらくA男もB女も体を左右に揺さぶったり向きを大きく変えたり，時には体を回転させたりしながら歩くので，体の向きと環境との関係が刻々と変化し，どちらに歩けばいいのか方向が定まらないのではないか，という推論を行いました。さらに，向きが一定しない自己を基準として，

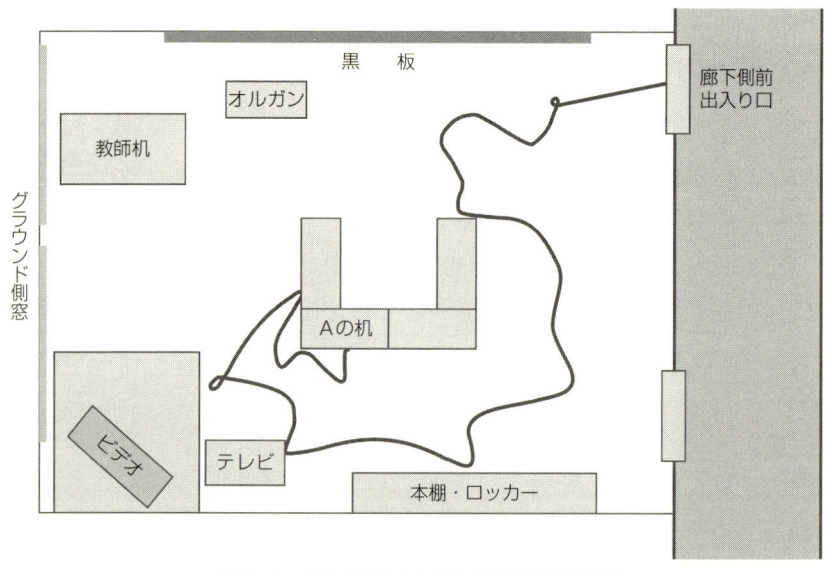

〈図5-1　A男の出入り口から机までの歩行軌跡〉

環境との関係把握を行うのは困難なのだから，向きが一定で動かない基準点を設定して，その基準点との関係で環境を把握させることができれば，無駄な動きが減り，スムーズな歩行が可能になるのではないかという仮説を立てました。

この仮説に沿って，図5-2に示すように出入り口に音源を設定し，この出入り口を基準点にして教室内の様々な備品等との関係把握ができるように，次のような手順で支援することとしました。

① ステップ1：10秒程度おきに「キンコン」と鳴るチャイムを入り口に設定し，まず右回りで教室内を歩かせ，本棚・ロッカー，ビデオ，教師机，オルガン等の備品の場所で入り口の方向に体を向け「指差し」させる。「指差し」した方向でチャイムが鳴るので，体の向きや「指差し」が入り口の方向に向いているか否かを本人自身で確かめることができるが，ずれている場合は修正してやる。

このように，「ステップ1」では，何度も右回りをしながら，どの場所でも入り口の方向を正しく位置づけることができるようにする。この場合，当

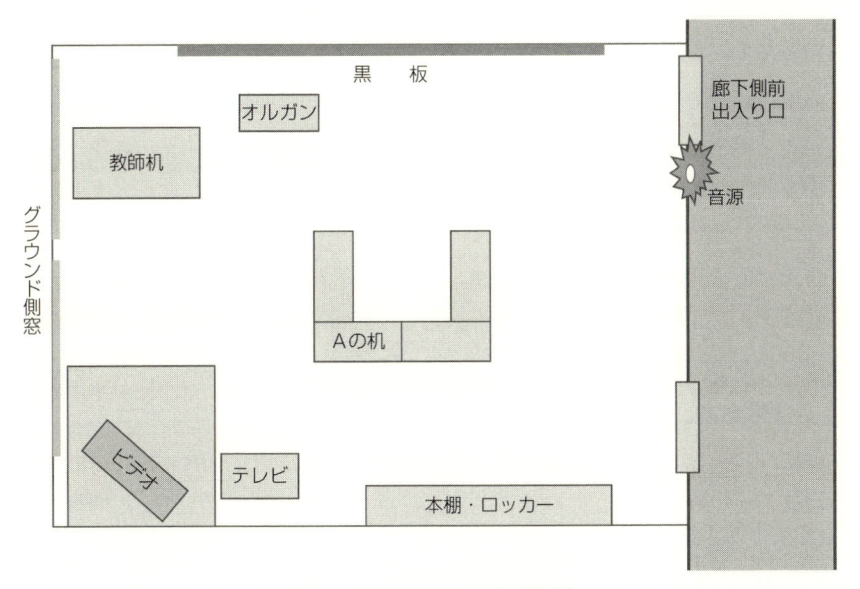

〈図5-2　出入り口に音源の設定〉

然のことであるが，遊びの要素を取り入れるなどして，興味関心の持続を図り，機械的な反復練習に陥らないような工夫が大切である。また，短期間に成果を上げようとせず，短時間の学習を日をおいて行うなどの配慮も必要である。
② ステップ2：「ステップ1」の支援により，右回りにおける「指差し」がある程度定着した段階で，左回りにおいても同様な支援を行う。
③ ステップ3：入り口の音源を切って，「ステップ1」と同様に右回りで歩行し，各備品の場所で入り口の「指差し」を行う。「指差し」の位置がずれている場合は，チャイムを鳴らすなどして修正させる。
④ ステップ4：左回りで「ステップ3」と同様の支援を行う。

以上，「ステップ1」から「ステップ4」までの支援段階を述べましたが，肝心なのは，教室のどの場所でどちらの方向を向いていても，入り口の方向を正しく位置づけることができるようにしてやることが支援のねらいです。したがって，ここで示した方法を参考にしながら，対象児の興味関心が持続できる効果的な方法を工夫していただければと思います。

さて，A男とB女の支援を以上述べた方法で行った結果，二人の教室内歩行は大きく改善されました。図5-3にはA男の入り口から机まで，机から教師机までの歩行軌跡を示しましたが，これからも大きく改善されたことを理解していただけると思います。

以上示した事例のように，「活動中心的定位の段階」の子どもには，固定的な基準点を設定して，その基準点との関係で環境を理解することができる筋道を考えてやることが大切なのではないかと思います。

2) 身体像および身体図式の明確化（図5-4，5-5）

前述したように，乳児が最初に出会う空間の位置関係への興味関心は，自己の身体だといわれますし，身体の各部分の位置関係の理解は，空間を理解するための原点でもあるので，遊びなどを通して図5-4に示すような身体各部の名称を理解できるように支援することが大切です。また，基本的な運動や動作

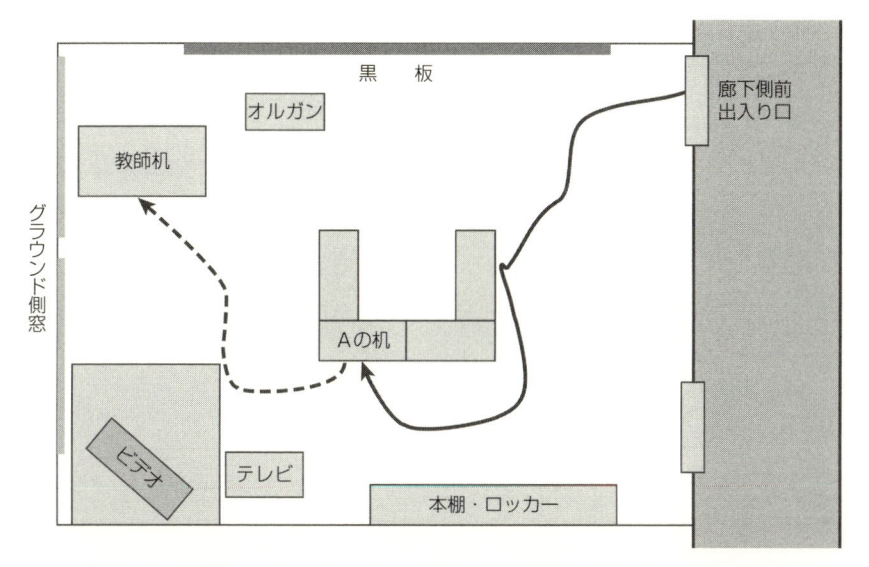

〈図5-3　指導後におけるA男の出入り口から机および机から教師机までの歩行軌跡〉

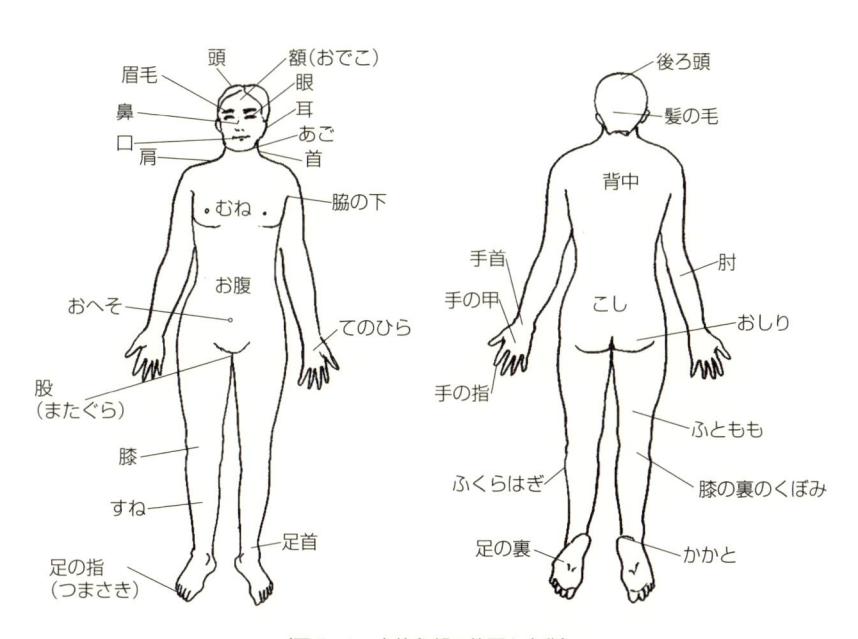

〈図5-4　身体各部の位置と名称〉

3　学習プログラムの具体的展開　119

と言葉とを結びつけて身体図式（身体概念）を育てることも大切です。

　身体各部の名称は，数え上げればきりがないほど多岐にわたりますので，親しみやすくてわかりやすいものから遊びを通して定着させていくことが大切です。この場合，例えば次のようなグループ分けをして取り組むことも考えられます。

① 第1グループ：目（おめめ），口（おくち），鼻（おはな），耳（おみみ），頭（おつむ），頬（ほっぺ），額（おでこ），手（おてて：手全体を指す），足（あんよ：足全体を指す）
② 第2グループ：臍（おへそ），腹（おなか），首（おくび），肩（おかた），手の指（おゆび），足の指（あしのおゆび），尻（おしり）
③ 第3グループ：胸（おむね），背中（おせなか），眉毛（まゆげ），髪の毛，耳たぶ，あご，腰（おこし），
④ 第4グループ：手首，てのひら，手の甲，手指の名称，肘，膝，足の裏，かかと，ふともも，すね，ふくらはぎ，股

　これらのグループ分けは，単なる例示にすぎないので，これにこだわる必要はありません。いずれにしてもなじみの深い部分から「手遊び歌」などの遊びを通して身体各部の名称が理解できるように支援していくことが大切です。なお，身体各部の名称には，例えば，上肢（手，前腕，上腕），下肢（大腿，下腿，足）などと，細部を特定する専門的な名称がついている場合が多いのですが，幼児の段階では厳密な名称にこだわった支援は必要ないと思います。

　また，身体各部の名称がいくつか明確になった段階で，例えば次のような簡単なクイズを出して「当てっこ遊び」をすると，空間の位置関係の学習へと発展させることができます。

① 「おくち」と「おはな」と「おめめ」，いちばん上にあるものどれだ。
② 「あんよ」「おかた」「おへそ」「おしり」，上にあるものから順に並べてちょうだい。
③ 「おくち」「おせなか」「おなか」「おしり」，前にあるものどれだ。
④ （右と左の概念がある程度できてきた段階の幼児に対して）「右手」で「左のおみ

み」をさわってちょうだい。
⑤ 「左手」で「左のおひざ」を2回,「右手」で「左のおひざ」を3回たたいてみてちょうだい。

　さらに,図5-5に示すような簡単な身体運動を,言葉で指示してさせる支援も身体概念を育て,空間イメージの基礎をつくる段階で大切です。
① 「前へならえ」のように,両手を前に出す。
② 足をそろえて万歳をする。
③ 足を広げて両手を横にまっすぐ広げる。
④ 体を前に曲げてお辞儀をする。
⑤ 手で(左手で)頭を抱え込むようにして体を横に(右に)曲げる。
⑥ お腹を床につけて寝る。
⑦ 両膝を曲げて床に座る(正座する)。
⑧ 床に座って両足を広げる。

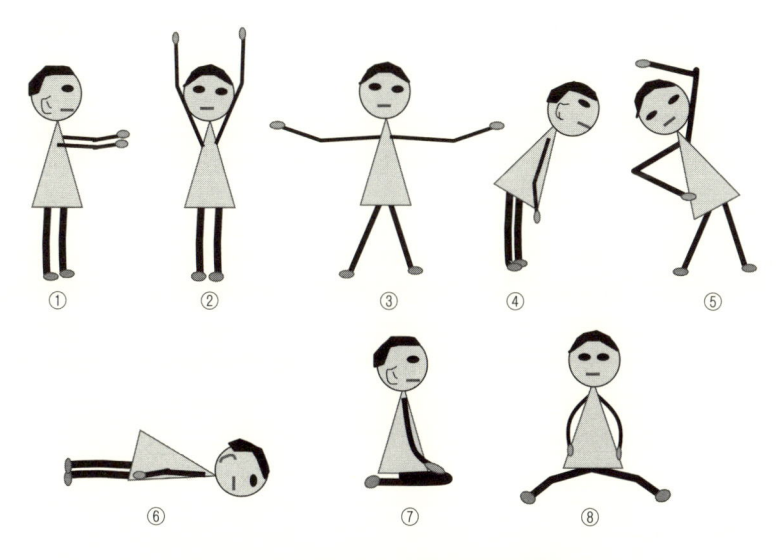

〈図5-5　言葉の指示による簡単な身体運動の例〉

以上示した身体運動は一つの例示にすぎません。様々な身体運動を手を添えて具体的に教え，幼児にもわかりやすい言葉の指示でそれが再現できるように支援することが大切です。

(2) ルートマップ型表象の段階における支援

　一般的にみて，4歳から9歳頃までがこのレベルの発達段階にあるといわれますが，筆者の経験からみて，意図的な働きかけや支援を十分に行えば，3歳後半から6歳前半頃までにこの段階を終えることができると思われますので，この点を踏まえて対応することが求められます。

1) 身体座標軸の形成（図5-6, 5-7, 5-8）

　自己の身体を原点として，体の前と後ろ，上と下，右と左，右前，左前，右後ろ，左後ろなどと空間を仕切る「身体座標軸」を形成することを目指す学習です。「上」と「下」，「前」と「後ろ」などは，「身体像および身体図式の明確化」の学習の中でもすでに行っているので，すんなりと理解と定着を図ることが可能ですが，「右」と「左」は相称関係にあるため，かなり理解と定着が困難な課題です。このため多くの場合，左手に腕輪をつけて「腕輪をつけている手」と「つけていない手」で区別させたり，図5-6に示すようなスライディングブロックを用いて，「ブブーの手：右手」と「キンコンの手：左手」で区別させたりする方法が用いられています。いずれにしても最終的には，「右側」と「左側」という言葉とその方向を理解・定着させることが非常に大切です。

　また，図5-7に示すように，円形のテーブル（または，普通の机で周りを囲ってもよい）などの中に子どもを座らせ，例えばリンゴ，ミカン，こけし，缶ジュースなどを用いて，「あなたの真ん前の机の上にリンゴがあります。取ってください」「あなたの真後ろの机の上にこけしがあります。取ってください」などと指示して，確実にその方向に腕が伸びて探すことができるようにします。また逆に，「あなたの真ん前の机の上にみかんを置いてください」「あなたの真後ろの机の上に缶ジュースを置いてください」などと指示して指定のモノを指定の位置に置かせます。このように，置かれたモノを指示に従って手を伸ばし

チャイム

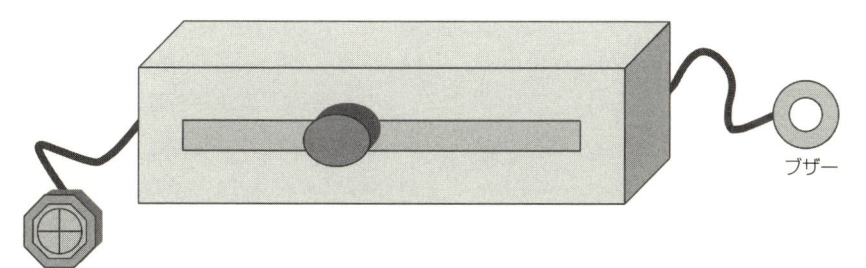

ブザー

中央のつまみを左端まで動かすと「キンコン」とチャイムが鳴り，右端まで動かすと「ブー」とブザーが鳴る。「キンコン」は左側，「ブー」は右側と，音と方向を対応させて左右の区別を明確にする遊具

〈図5-6　スライディングブロックによる左右の明確化〉

真ん前
左斜め前
右斜め前
左側
右側
左斜め後ろ
右斜め後ろ
真後ろ

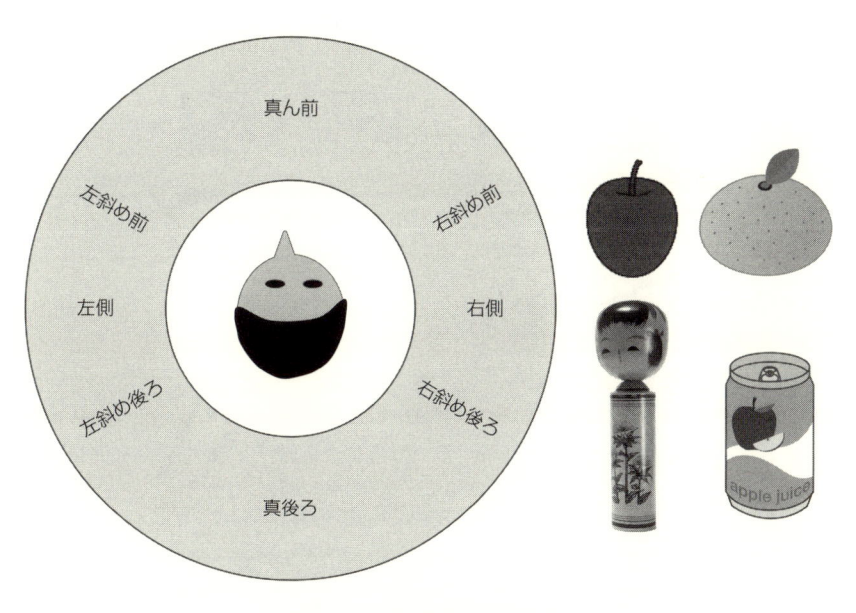

〈図5-7　身体各部の位置と名称〉

3　学習プログラムの具体的展開　　123

て取ったり，指示に従って指定のモノを指定の場所に置いたりの活動を可逆的に行わせることが大切です。

なお最初は，「真ん前」，「真後ろ」，「右」，「左」の4方向の定着が基本ですが，この基本がうまくいくようになれば，「右斜め前」「左斜め前」「右斜め後ろ」「左斜め後ろ」の4方向も理解できるように同様な支援を行っていきます。

位置関係は相対的なものですから，自分が動かなくとも，音源やモノが動けば，それに従って位置関係は刻々と変わります。こうした理解を促すため，図5-8に示すように，上から下へ（下から上へ），前から後ろへ（後ろから前へ），右から左へ（左から右へ）モノを動かして，それを手で確かめて自己を原点とした場合にどの位置にあるかを言わせ，モノが動くと自己とモノとの位置関係が変わることを理解させます。最初はモノを動かしてそれを手で確かめて位置を言わせますが（腕を伸ばして観察できる位置でモノを動かす），モノの動きにつれて自己とモノとの関係が刻々と変わることが理解できるようになれば，次に手の届かない位置で音源を鳴らし，音源の移動によって自己と音源との位置関係が

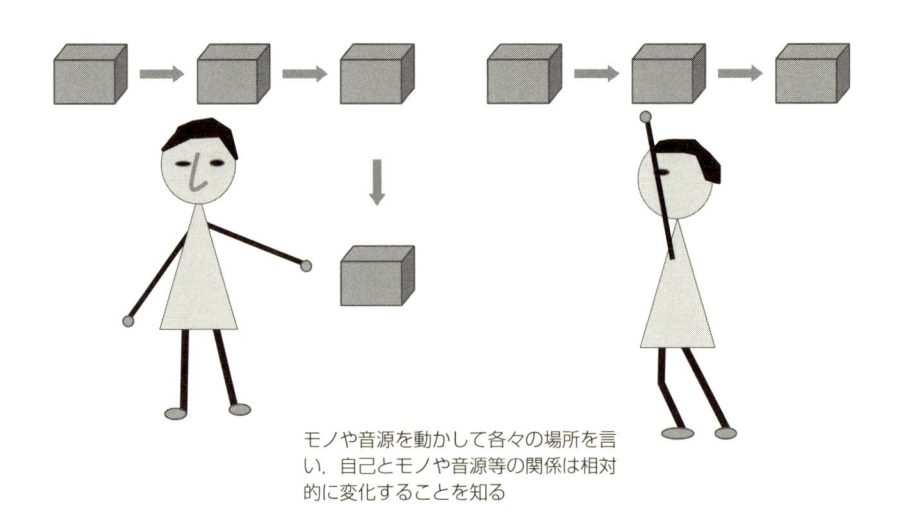

モノや音源を動かして各々の場所を言い，自己とモノや音源等の関係は相対的に変化することを知る

〈図5-8　自己と音源等との相対的位置関係の理解〉

124　第5章　空間のイメージづくりの学習

刻々と変わることを理解させていきます。この場合，手の届かない場所に置いても「前側」「後ろ側」「右側」「左側」という「○○側」という表現で位置を表すことができることを認識させることが大切です。

2）身体座標軸の原点移動（図5-9，5-10）

　人形などを自分に見立てて「身体座標軸」で培った自己を中心とした原点を移動し，人形を原点として空間を仕切ることができるような支援を行います。

　例えば，図5-9のようなペグ差しを用いて，中央に人形を置き，子どもが人形になったつもりでペグを差していきます。Aにおいては，「人形の前にペグを差しなさい（①）」「人形の後ろにペグを差しなさい（②）」という指示に従ってペグを差させます。また，Bにおいては，「人形の前にペグを差しなさい（③）」「人形の左後ろにペグを差しなさい（④）」という指示でペグを差させます。また逆に，差されたペグをみて，人形からみてどの位置のペグかを言わせる活動も行います。

　このような「人形になったつもりで」という仮定がうまく理解できない発達

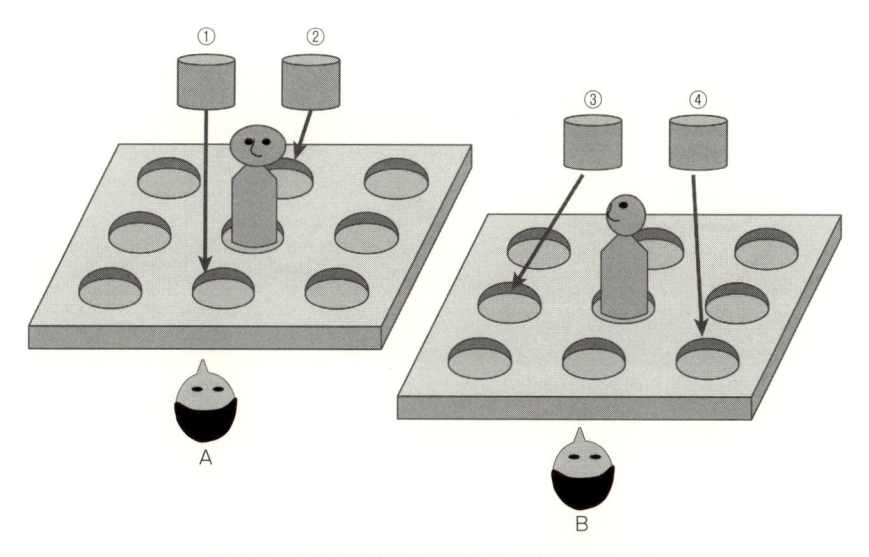

〈図5-9　身体座標軸の原点移動（ペグ差しを用いて）〉

段階の子どもに，繰り返し支援していったんは正反応が成立したとしても，少し時間が経つとまた誤反応に逆戻りしてしまいますので，理解できる段階の発達に達しているかどうかを支援者は見極めて対応することが大切です。決して機械的反復練習によって正反応を成立させて満足するような対応は避けるべきです。

また，図5-10に示すように，友達と向かい合って，①A児の左手でB児の左手と握手したり，②A児の左手でB児の右耳をつかんだり，③A児の右手でB児の左手をさわったりさせ，向かい合うと左右が逆転することを理解させます。さらにこうした活動に興味をもって取り組むようにするため，図5-10の右の図のような位置にA児とB児を立たせ，「オルガンはBちゃんのどちら側にあるか，Aちゃん答えて」というようなクイズ形式で当てっこ遊びをするのも一方法です。この場合は，単に当たったか否かを教師が即答するのではなく，子どもに移動して確かめさせるようにする方がいいと思います。

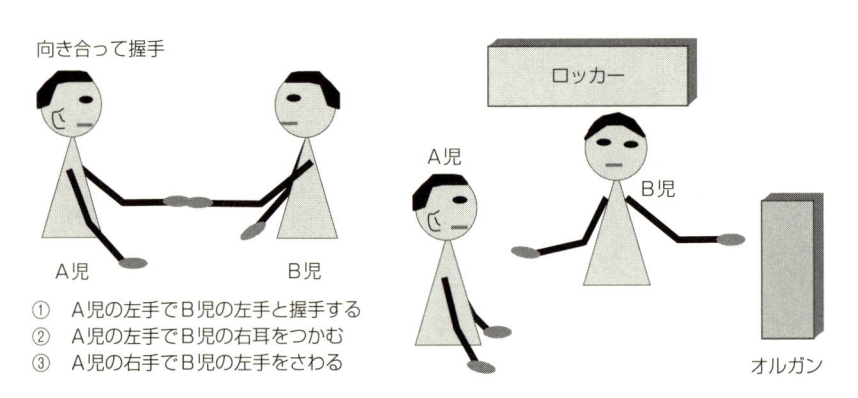

向き合って握手

A児　　　B児

① A児の左手でB児の左手と握手する
② A児の左手でB児の右耳をつかむ
③ A児の右手でB児の左手をさわる

A児　B児　ロッカー　オルガン

A児は，B児になったつもりで，ロッカーやオルガンの位置を言う

〈図5-10　身体座標軸の原点移動（友達になったつもりで）〉

3）空間座標軸形成の基礎（図5-11）

　身体座標軸の原点移動が成立した段階で，この移動した原点を客観的な座標系として，原点の位置がどこのどのような方向に動いても空間を仕切ることができる活動へと進みます。これをここでは「空間座標軸形成の基礎」の理解を促す活動と位置づけています。

　具体的には，図5-11に示すように，段ボールなどを切って十字の道を作り，この段ボールなどの道に人形を歩かせて，移動の方向を示させる活動を行います。例えば，①においては，「人形を歩かせて右に曲がってください」と指示して歩かせたり，人形の歩いた軌跡を観察させてどちらに曲がったかを言わせたりします。②においても同様に，曲がる方向を指示して歩かせたり，歩いた軌跡を観察してどちらに曲がったかを言わせたりします。

　ここで示した空間座標軸形成のための活動は，出発点にすぎません。空間座標軸の理解に関する活動は，この出発点を踏まえて今後に示す各種の活動においても，確かな発展を図るように心がけていく必要があります。

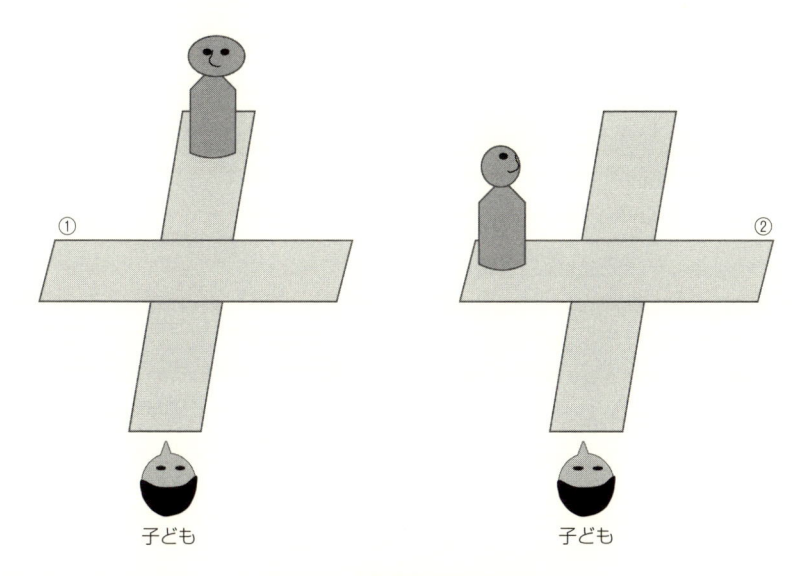

〈図5-11　空間座標軸形成の基礎〉

4）歩いた軌跡と指の運動等との対応関係の理解（図5-12，5-13）

　まっすぐな廊下を往復してその軌跡を指の運動として再現させたり，L字やコの字，ロの字等の廊下や大型箱積み木などで作った道を歩いてその軌跡を指の運動として再現させたり，小型の積み木などを並べて再現させたりする活動を行い，歩いた軌跡を明確にとらえることのできる力を育てます（図5-12）。

　また逆に，指の運動や小型の積み木で表現した軌跡を，実際の歩行で再現させたりという，可逆的な活動を大切にする必要があります。

　なお，この種の指導を行う前提として，積み木などによるL字，コの字，ロの字等の見本合わせがクリアできるか否かを確かめておくことが大切です。図5-13にL字とコの字の見本合わせを示しましたが，いずれにおいても，②に示す見本どおりの構成ができないで，③に示すような誤った構成を行う子どもがいます。このように，見本合わせがクリアできない子どもには，歩いた軌跡と指の運動等との対応関係の理解は難しいので，この課題がクリアできるようになる時期まで待つことが大切です。

　蛇足になるかも知れませんが，積み木を用いてこの種の見本合わせを行う場合の教具の工夫等について述べておきます。見本合わせを行う場合，子どもに示す見本は，少々さわっても形が崩れないようにする工夫が大切なので，個人用のスチール板（スチール黒板）とボム磁石で裏打ちした積み木等を用いると効果的です。見本として示す形は，少々さわっても崩れませんし，子どもが構成する形もしっかりと固定させることができるからです。

5）よく知っている教室等の位置の表現（図5-14，5-15）

　自分の教室の近くの教室や教員室，玄関やトイレ等，よく知っている場所を磁石玉などを用いて廊下のわきに置かせていきます。この学習においては，位置関係の順序の正しさを最優先して，若干の位置のズレや大きさ・広さ等はあまり重要視しないこととします。またこの活動の最初の段階では，1階の教室等のすべてを配置させる必要はありませんが，徐々によく知っている場所を増やして，最終的にはすべての教室等を順序よく配置できるようにしていくことが大切です。

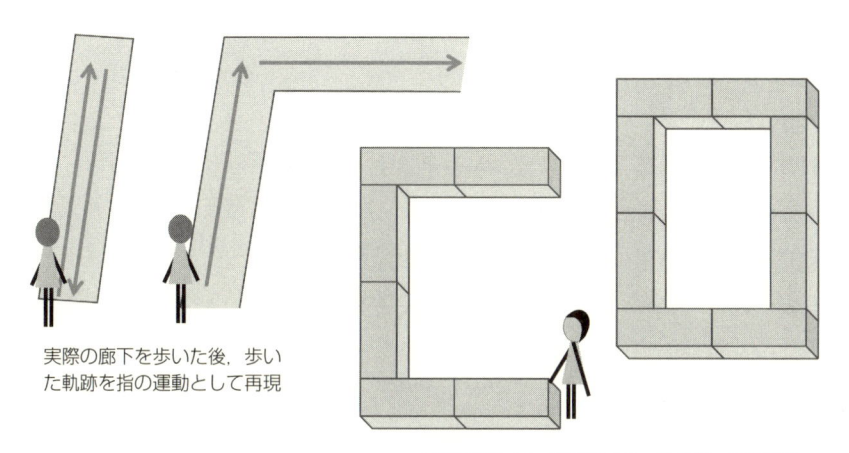

実際の廊下を歩いた後，歩いた軌跡を指の運動として再現

大型箱積み木などを用いて，コの字，ロの字の道を作り，その道を歩いた後，歩いた軌跡を指の運動などで再現

〈図5-12　歩いた軌跡と指の運動等との対応〉

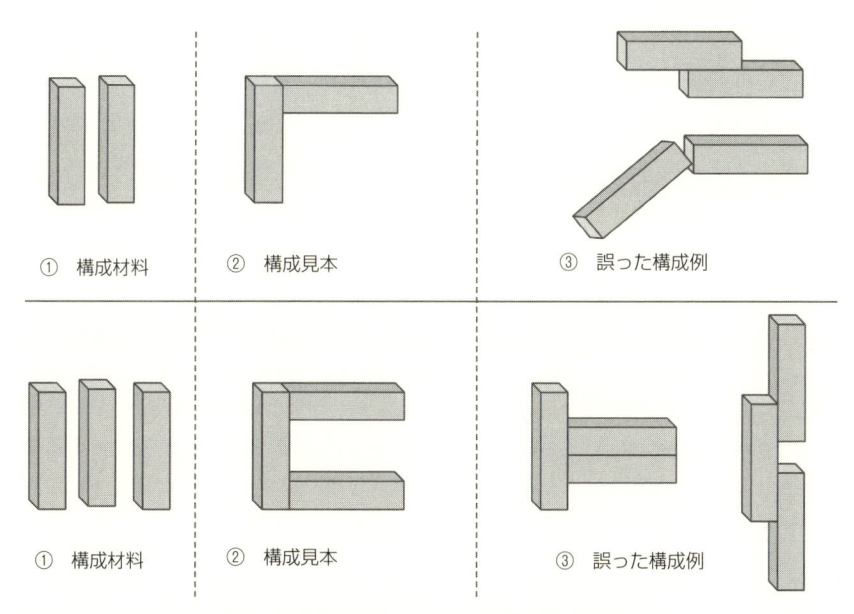

① 構成材料　　② 構成見本　　③ 誤った構成例

① 構成材料　　② 構成見本　　③ 誤った構成例

〈図5-13　積み木によるL字・コの字の見本合わせ〉

3　学習プログラムの具体的展開　　129

この種の活動の様子の例を図5-14に示してみました。この図では，最初に「下駄箱」の位置だけは示して，トイレ，階段，1年の教室，職員室の4か所の位置に磁石のパーツを置かせる活動を想定していますが，パーツの多少は子どもの実態との関係で考えればいいと思います。したがって場合によっては，1年生の教室と職員室だけでもいいのです。徐々に表現できる場所を多くし，最終的には1階全部の教室などのパーツを配置できるようにしていきます。

　なお，図5-15に示したように，大型箱積み木でL字やコの字などを形づくり，その上を歩かせながら，配置された椅子・ランドセル・太鼓等を観察してその位置を理解し，手もとのスチール黒板の上に約束事に沿ってパーツを配置させていくという活動もたいへん効果的です。大型箱積み木がない場合は，段ボールでL字やコの字のコースを作ることも考えられます。

6) 教室模型の組み立て・分解（図5-16）

　教室の内部を熟知していて，どこへでも効率的に移動できる段階になった子どもを対象として，模型を用いた教室の組み立てや分解の活動を行います。

　図5-16は，こうした模型を用いた教室の組み立て作業の一例です。このような手作りの組み立て式教室模型を作って子どもに組み立てさせたり，逆に分解させたりして遊ばせると，活発な活動を引き出しながら，教室の全体像を把握させることができます。なお，子どもの中には教室に天井や天窓があることを知らない者もいますので，明確に把握できるように支援していくことが大切です。

　また，冷蔵庫が入っていたような大きな段ボール箱を用いて，入り口を作ったり窓を開けたりした部屋の模型を作り，入り口から中に入って遊ばせると子どもは生き生きとして遊びます。こうした遊びを通して，「部屋は箱の中のような形をしている」ということを理解させることが大切です。

　なお，この活動段階において，自分の教室と隣の教室との間の壁を軽くたたいて音を確かめ合い，壁の向こうに教室があることを理解させたり，2階の教室からロープをおろして，自分の教室の上の階にはどんな教室があるのかを確かめさせたりすることも立体的な空間のイメージを育てる上で大切です。

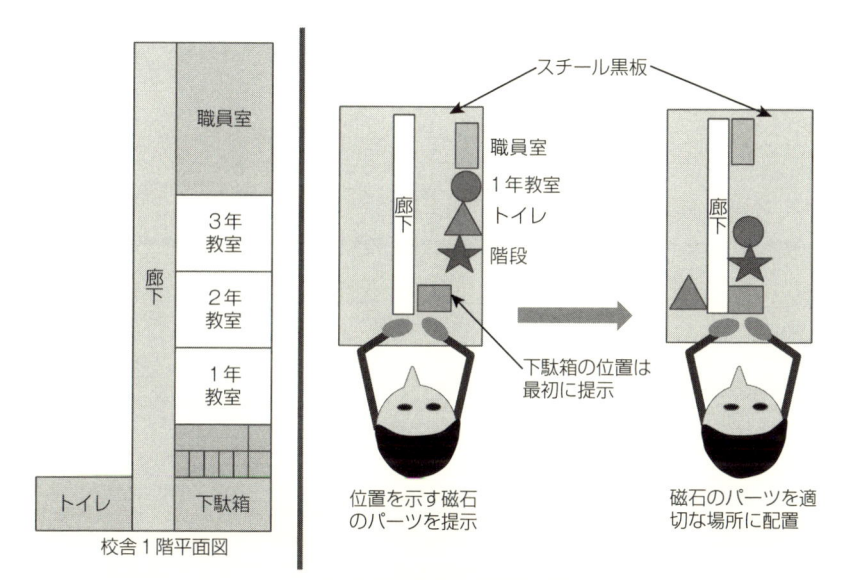

〈図5-14　教室等の位置の表現〉

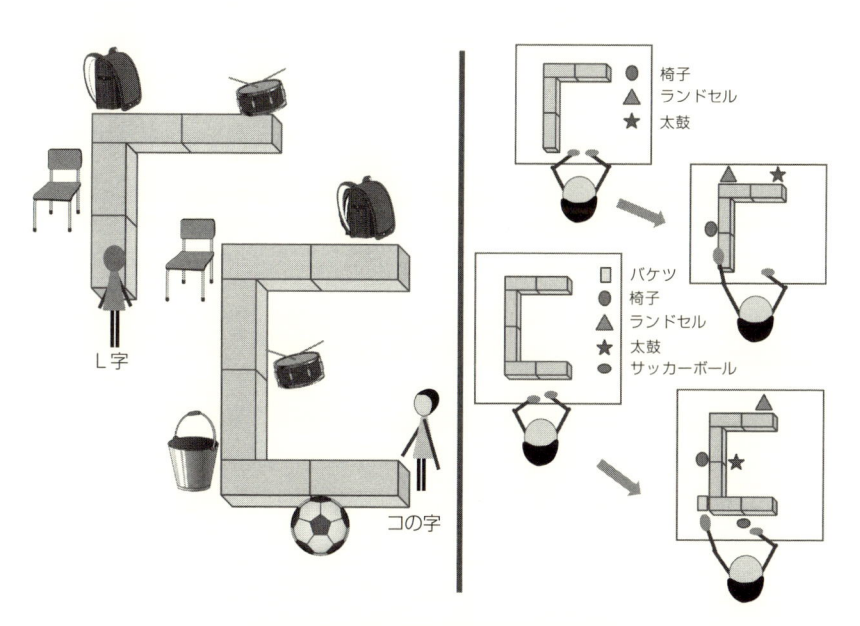

〈図5-15　大型箱積み木を用いた位置の表現〉

3　学習プログラムの具体的展開　131

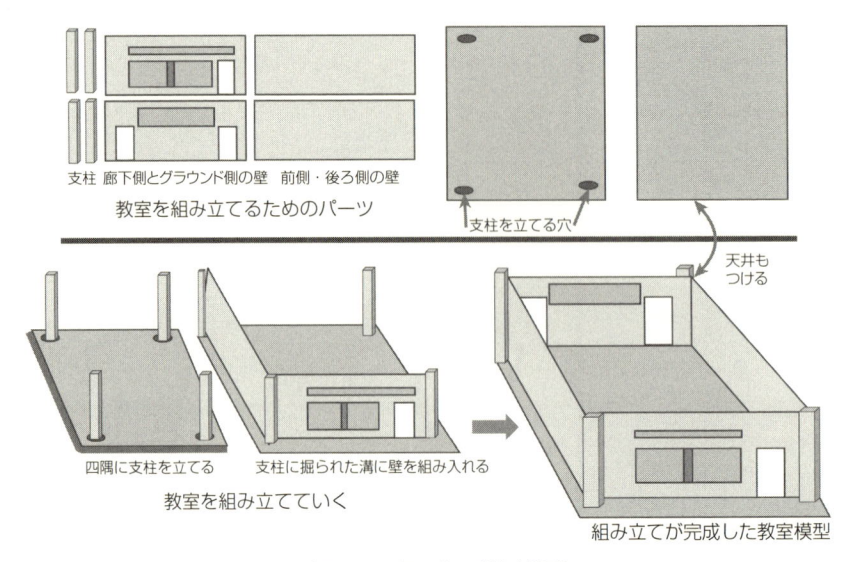

支柱 廊下側とグラウンド側の壁　前側・後ろ側の壁
教室を組み立てるためのパーツ

支柱を立てる穴

天井もつける

四隅に支柱を立てる　支柱に掘られた溝に壁を組み入れる
教室を組み立てていく

組み立てが完成した教室模型

〈図5-16　組み立て式教室模型〉

7）教室の備品等の配置と表現上の約束（図5-17, 5-18）

　前項6)の活動を通して教室の全体像がイメージ化できたら，「天井や周囲の壁を取り払った床だけで教室を表すことにしよう」という約束事を決めます。この場合の教室の床として，スチール製小黒板を用い，その上にゴム磁石で裏打ちされた机やロッカー，本棚，オルガン等の備品模型を配置します（図5-17）。

　備品模型の配置は，子どもたちの関心が高い活動なので，実際の備品等の配置と模型備品の配置とがうまく対応できているかどうかを確かめさせながら，時間をかけて活動させる必要があります。また，教室内の机等の並び方や配置を一部変えてその状態を歩いて確かめさせ，備品模型で表現させる活動も，空間の位置関係の理解を促進させるために大切です。

　こうした備品模型配置の初期段階の活動においては，「環境対応型」の表現をさせる（子どもが黒板の方を向いて座っている場合には，黒板を前にした備品模型の配置をさせるということ）ことが大切ですから，支援者はこの点を十分に理解しておくことが大切です。

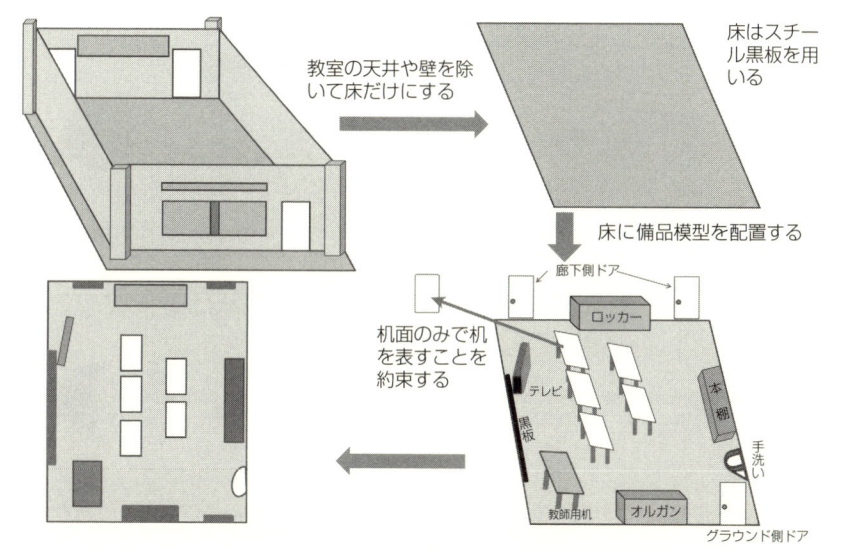

〈図5-17　教室の備品等を表す約束〉

　備品配置等に関するこの段階の活動でもう一つ大切なのは，備品模型に代えて，例えば机の場合は，「机の上の板（机面）だけで机を表すことにしよう」という約束です。この約束に従えば，ロッカーも本棚もオルガンも面だけで表すことになります。これは，立体的な空間の表現を平面的な空間の表現へ移行させるたいへん重要な約束事です。したがって，単に約束事を理解させるだけでなく，立体的空間を平面的に表現する手法を確実に身につけさせることが大切です。図5-18には，その活動例を示してみました。教室のいつもの机や教師用机，テレビの配置等を変えて（図5-18の左図）その状況をしっかりと把握させ，この配置状況を磁石で裏打ちした薄い板などで表現させます（図5-18の右図）。机や備品の位置を変えながら，この種の活動を何回か行うと，立体的空間を平面的に表現する手法が確実に身につくと思います。

8）指歩行と実際の歩行との対応（図5-19）

　前項7）で作製した教室内の備品配置図の上で，「自分の机→教師用机→テレビ→ロッカー→自分の机」と指歩行（図の上で指を動かして移動すること）し，指

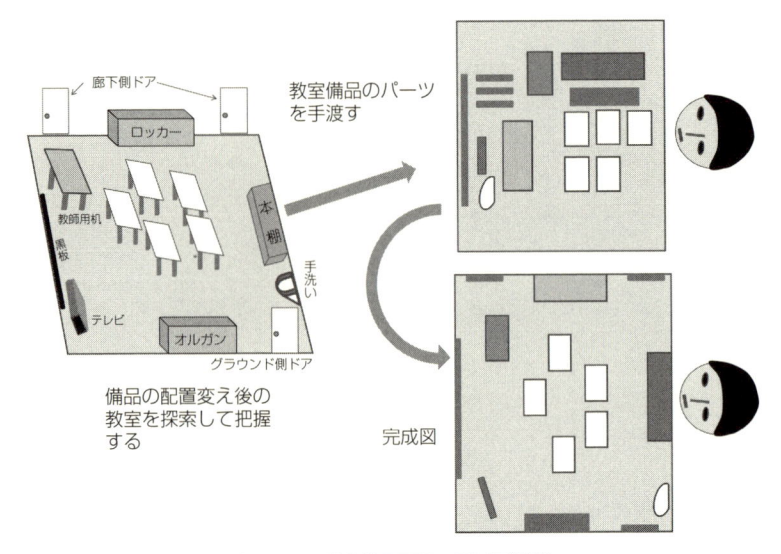

〈図5-18　教室備品配置の平面図指導〉

歩行したとおりのルートを実際に歩かせます（図5-19の①）。また逆に，実際に歩いた軌跡を指歩行させて対応関係が確実にできるように支援します。さらに，「先生の机にそろばんを置き，本棚の上に点字板を置いてきなさい」などと指示して実際に歩行させ，教室内の空間を明確にイメージできるように指導していきます。

教室内の空間が適切に把握できるようになったら，1階のよく知っている場所まで空間の範囲を広げ，教室の場合と同様に，指歩行と実際の歩行の対応関係が適切に図られるような活動を行っていきます（図5-19の②）。

なお，8）の活動段階に入った子どもは，1階の教室の配置等がかなりわかってきていますので，「不時着遊び」を行うのも一方法です。「不時着遊び」のやり方は様々ですが，例えば教師が子どもを背負ったり一輪車に乗せたりして適当な場所まで移動し，そこに子どもをおろして自分の教室まで帰ってこさせるのです。この遊びは，子どもがよく知っている空間の範囲で行うというのが鉄則であり，不安に陥らないように注意しなければなりません。

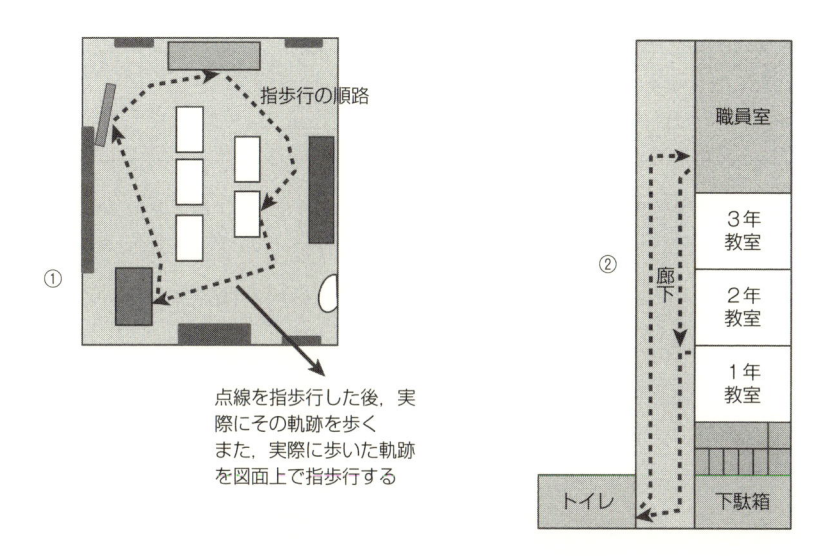

〈図5-19 指歩行と実際の歩行との対応〉

(3) サーヴェイマップ型表象の段階

　前述したように，系統的で適切な活動を行うことによってルートマップ型表象の段階を6歳前半頃までに脱出し，6歳後半頃からは，サーヴェイマップ型表象の段階の活動に移行させたいものだと思います。

　ところで，この段階でいちばん重要な初期の課題は，身体の移動や方向転換によって刻々と変わる自己と空間との位置関係の変化を理解するための基礎を築くところにあります。この種の理解をここでは「メンタルローテーションの理解（または心的回転の理解）」と呼ぶことにします。ここでは，このメンタルローテーションの課題を大切にしながら，教室の空間から徐々に理解できる空間の範囲を広げて，学校全体の空間を理解していく活動の筋道を示してみます。

1) モデル製作による発達レベルのチェック（図5-20, 5-21）

　メンタルローテーションの思考は，ある発達段階に達していなければなかなか歯がたたない困難な課題です。そこで，こうした思考が可能な段階に達して

3　学習プログラムの具体的展開　　135

いるか否かを見極めるため，モデル製作によるチェックが必要です。

　図5-20は，このチェックのためのモデル製作の方法を示したものです。2本の積み木（四角柱）で机の上にL字形を作り，②，③，④の位置からみた場合，どのようにみえるかを想像して形を構成させるという課題です。しかしながら，2本の積み木を用いてL字を構成することができるかどうかをまず確かめることが大切なので，まず①の位置から，みたとおりのL字を構成させてみます。この「みたとおりのL字の構成」ができない子どもの場合は，②，③，④の位置からみたL字構成は不可能ですから，メンタルローテーションに関する活動はしばらくおあずけということになります。

　さて，①の位置からみたとおりのL字の構成ができた子どもについては，②，③，④の位置からみた場合どのようにみえるかを考えさせて，その図を手もとにある2本の積み木で構成させ，構成した後は②の位置に移動して自分の構成が正しかったかどうかを確かめさせます。

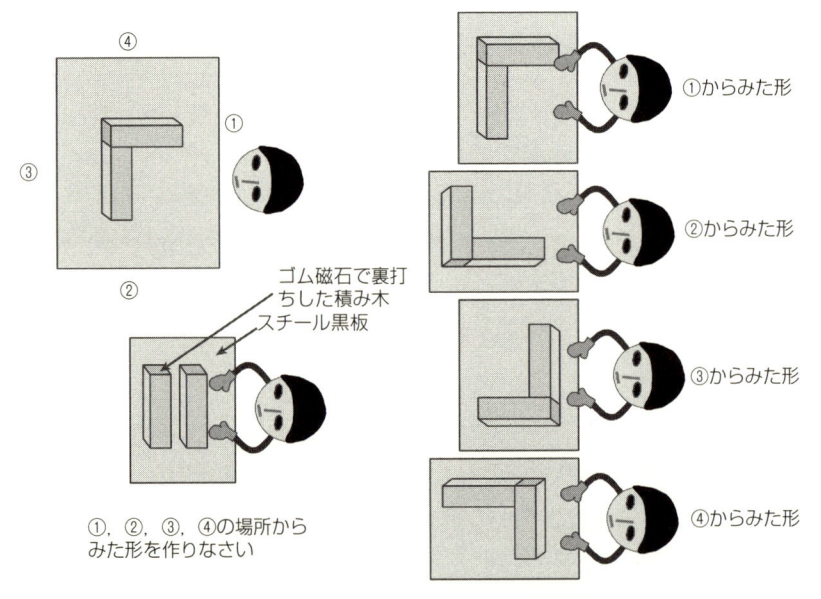

〈図5-20　メンタルローテーションの基礎指導Ⅰ〉

図 5-20に示した課題がクリアできたら，次いで図 5-21に示すような少し難しい課題に取り組ませて，メンタルローテーションが確実に身につくように陶冶していきます。

2) メンタルローテーションによる教室備品の表現（図 5-22，5-23）

日頃からよく慣れている教室の備品等の配置を，180度，90度，270度の心的回転（メンタルローテーション）を伴った状態においても，表現したり読み取ったりできるようにすることが指導のねらいです。

まず，図 5-22に示すように，A男の位置から環境対応型で教室備品等の配置を表現させた後，B女のように黒板を背にして教室をみた場合の備品等の配置を表現させます（180度のメンタルローテーション）。この場合は，左右の位置関係が逆転することを理解しているかどうかが問題となります。正解の場合は，表現した配置図を用いて，支援者が子どもの手を取って指歩行を行い，指歩行のコースどおりに歩かせるという活動を行います。指歩行と実際の歩行との対

ア，イ，ウ，エのそれぞれについて，②，③，④の位置からみた形を構成させる

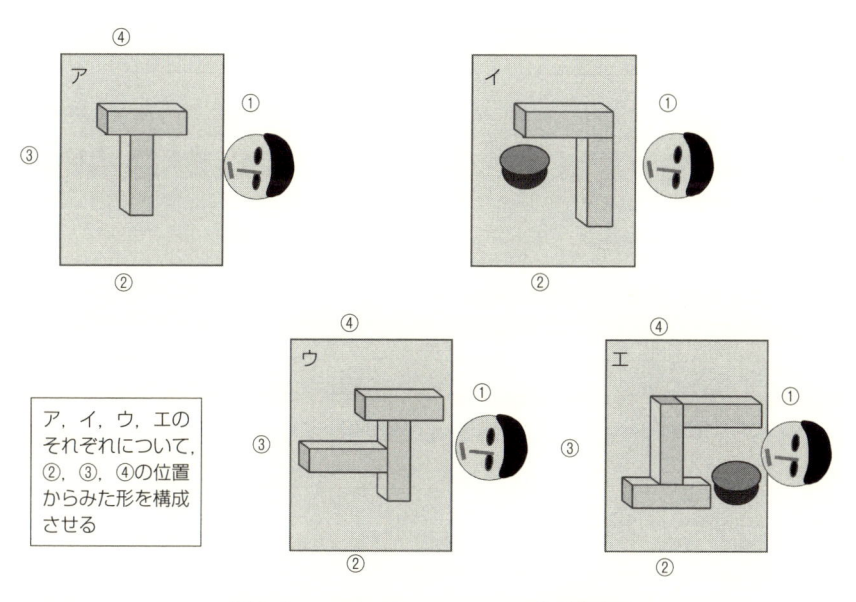

〈図 5-21 メンタルローテーションの基礎指導Ⅱ〉

3　学習プログラムの具体的展開　137

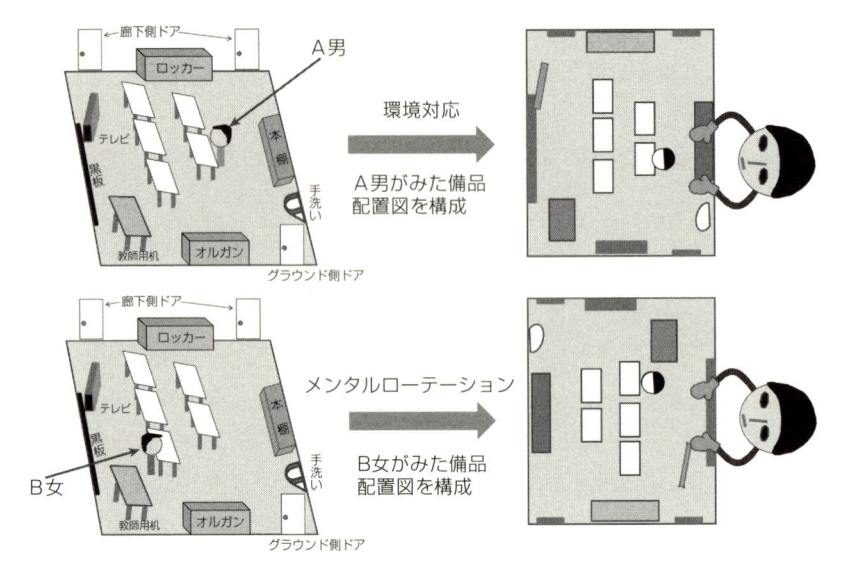

〈図5-22　環境対応からメンタルローテーションによる備品配置図へⅠ〉

応関係がうまく成立していれば，頭の中での図の回転はスムーズに行われているとみてよいと思います。

180度のメンタルローテーションが成立した後，図5-23に示すような90度，270度のメンタルローテーションの配置図を構成させます。図が正しく構成できたら，180度のメンタルローテーションの場合と同様，指歩行と実際の歩行との対応関係をみる活動を試みたらよいでしょう。

3）1階部分の教室模型の配置（図5-24）

日頃の活動の中心である1階部分の教室の模型を順序よく並べたり，並べられた教室の模型をみて，実際の教室との対応関係を理解したりできるようにするのがこの活動の目的です。この場合も，最初は環境対応型の配置の理解を促すことが大切ですが，理解が深まれば，180度，90度，270度のメンタルローテーションにおいても教室等の配置が正しく位置づけられるようにしていくことが求められます。

図5-24は，1階部分の教室模型を廊下に沿って並べている図ですが，こう

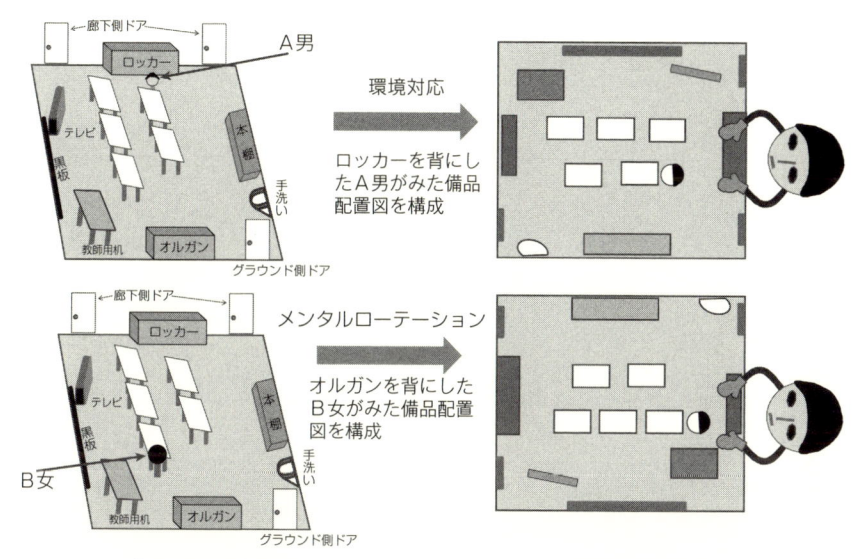

〈図5-23　環境対応からメンタルローテーションによる備品配置図へⅡ〉

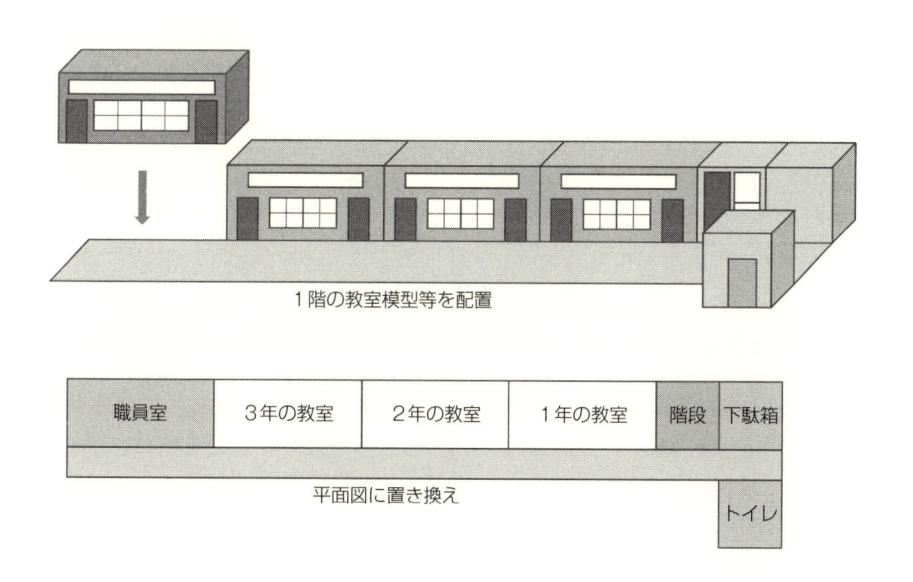

〈図5-24　教室模型等の配置と平面図の対応〉

3　学習プログラムの具体的展開　139

した活動においては，並べた教室模型等に少々手がふれても配置が崩れないようにするため，床面にスチール板（スチール黒板等）を用い，廊下や教室模型の底はボム磁石で裏打ちするなどの配慮が大切です。また，教室模型を並べ終えた段階では，「下駄箱で靴を履き替えたら，トイレに寄ってから教室に入りなさい」とか，「一年生の教室から，職員室に行き，それから下駄箱で靴を履き替えて外へ出なさい」などと言葉で指示し，その指示に従って指歩行させるという活動を行うと，1階の全体像を効果的に把握させることができるのではないかと思います。

また，「模型の床面だけでも，教室を表すことにしよう」という約束事をして，図5-24の上図と下図の対応関係を図れば，立体的な空間を平面的に表現する手法を一層明確に理解させることができるでしょう。

4) 校舎の全体像の理解（図5-25，5-26）

さらに図5-25に示したように，廊下側の壁と天井をつければ，1階部分の建物のイメージがより明確になりますし，その天井の上に2階部分や3階部分の教室模型等を配置していけば，一つの校舎ができあがります。このような経験をさせれば，校舎や建物に関する確かなイメージをもつことができると思います（図5-26）。

このように，学校の中の一つの校舎に関して，1階・2階・3階と教室などの模型を配列して，校舎全体を形づくることができる模型を整備することは，視覚障害者の空間概念を陶冶する上で必須のことではないかと思います。こうした構成模型は，細かな部分は省略して，単純さと堅牢さを最優先すべきです。

5) 広さや距離の導入

ここまでの活動においては，位置関係や配置を中心課題とし，広さや距離（長さ）は問題としませんでしたが，ここでは広さや距離に注意を向けさせることを目的とします。この場合，何メートルとか何平方メートルとかという客観的単位での測定よりも，できるだけ具体的なイメージをもつことができる方法を用いて測定するようにします。例えば，歩幅やひろ（両手を左右いっぱいに広げたときの指先から指先までの長さ）のいくつ分といった，自分の身体の一部を用い

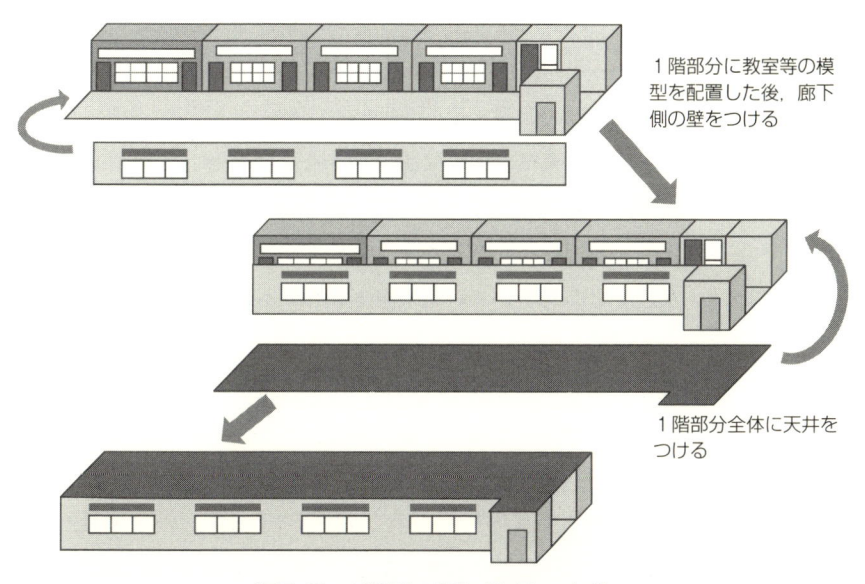

1階部分に教室等の模型を配置した後，廊下側の壁をつける

1階部分全体に天井をつける

〈図5-25　1階部分の建物（校舎）の完成〉

2階にも教室等を配置する

3階まで教室等を配置していけば，建物になる（校舎）

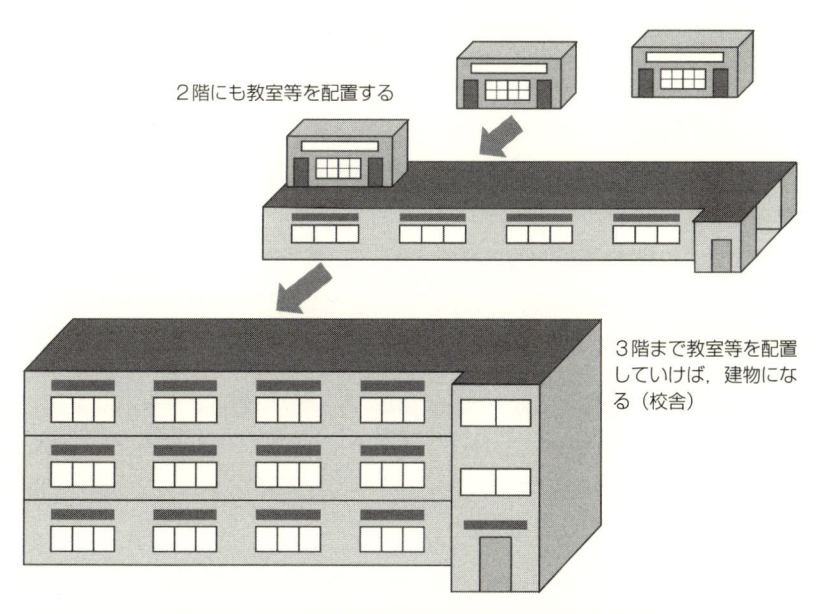

〈図5-26　すべての教室等を配置して建物（校舎）の完成〉

3　学習プログラムの具体的展開

た測定を重視するという意味です。もちろん，客観的な単位が理解できる段階では，「歩数10歩は6メートル」「5ひろは6メートル」というように，自己基準の比例尺度と客観的基準の距離尺度とを同時に理解させるとよいでしょう。

教室内における具体的指導は，例えば次のような活動を通して行います。

① 教室の縦と横は，どちらがどのくらい長いかを予測させる。また，予測したことがどの程度正しかったかをどのようにして確かめたらいいか検討させる。次いで，身近なものを用いて教室の縦と横の長さを測って比べ，縦と横の長さの比較をさせる（歩幅，尋，紐などの活用）。

② 教室の広さをどのようにして調べればいいかを検討させる。次いで，1平方メートルに切った段ボールをたくさん用意し，教室に何枚敷き詰められるかを実際にやってみる（45枚敷き詰めることができた）。この教室の広さを一つの「広さの基準」として，他の教室等の広さを予測する場合の拠り所とする。

③ 教室での活動経験を踏まえて，廊下の縦と横の長さを比べさせる。また，廊下の広さを調べて，教室の広さと比較させる。

④ 音楽室やプレールーム等を，教室の「広さの基準」を拠り所として，「教室の2倍の広さ」とか「教室の3倍の広さ」などと予測させ，実際には約何倍の広さかを提示してやる（予測と確かめの大切さ）。こうした指導によって，教室の広さを基準として，様々な教室等に入ったとき，広さの予測を行う能力の基礎を築くことができる。

6) 学校敷地内の建物等配置図の構成（図5-27，5-28）

まず，学校の敷地内をくまなく探索し，建物と建物との関係や，正門，グラウンド，芝生広場，遊具，植栽等の配置関係を理解させます。ある程度敷地内の様子が理解できるようになったら，よくわかる目的地を指定してその目的地まで歩かせたり（例えば，滑り台の下まで行く），一回りコースを巡って出発点に戻ってこさせたり（例えば，校舎の周りを一周して出発点に戻る）して，敷地内を自在に歩くことができるようにします。

このような活動を通して，敷地内の様子がある程度理解できた段階で，校舎や体育館，プール，寄宿舎，植栽等の模型のパーツを与えて，その配置関係を

置かせる活動を行います。この場合，最初は校舎の位置は支援者が固定し，体育館，プールなどの主だった施設に限定してパーツを与えて配置させる方がわかりやすいと思います。理解が深まったら段階的に施設等のパーツを増やして，最終的には植栽を含むすべての模型が配置できるような活動へと発展させていきます（図5-27）。

　模型による建物等の配置が一通り理解できた段階で，教室の備品配置図の活動の様子を思い出させながら，建物等の立体模型を平面的表現に置き換える活動を行います（図5-28）。この場合も，建物やグラウンドなどの形に切った厚紙等をゴム磁石で裏打ちし，学校の敷地内に配置させるという活動を行いますが，立体模型で配置していますので，平面図への移行は案外簡単にできるのではないかと思います。

7) 学校敷地内の建物等配置図の読み取りと実際歩行（図5-29, 5-30）

　これまでの活動によって，学校敷地内の建物等の配置はある程度理解できてきていますので，この段階では，サーモフォームや立体コピーで作成した配置図を用いて指歩行と実際歩行の対応を可逆的に行ったり，「不時着歩行」においても場所を特定して指定の場所までたどり着くことができるような活動を行います。

　指歩行と実際歩行の対応関係の活動は，例えば次のように行います。

① 図5-29（サーモフォームの図）の実線や波線で示すコースを指歩行させた後，そのコースを実際に歩かせる。
② 図5-30（サーモフォームの図）の実線や波線で示すコースを実際に介添え歩行で歩かせた後，どのようなコースを歩いたかを図上で指歩行させる。

　また，「不時着歩行」は，前にも若干説明しましたように，児童をおんぶしたり，手押し車に乗せたりして一定の場所まで運び，そこでおろして指定した目的地まで歩かせるという一連の活動です。子どもはまず，どこにおろされたのかを探索して確かめ，おろされた場所を特定して指定された目的地まで歩くことになります。したがって，周囲の状況をかなりよく知っていなければ，おろされた場所の特定が難しく，目的歩行は困難になります。しかし，未知への

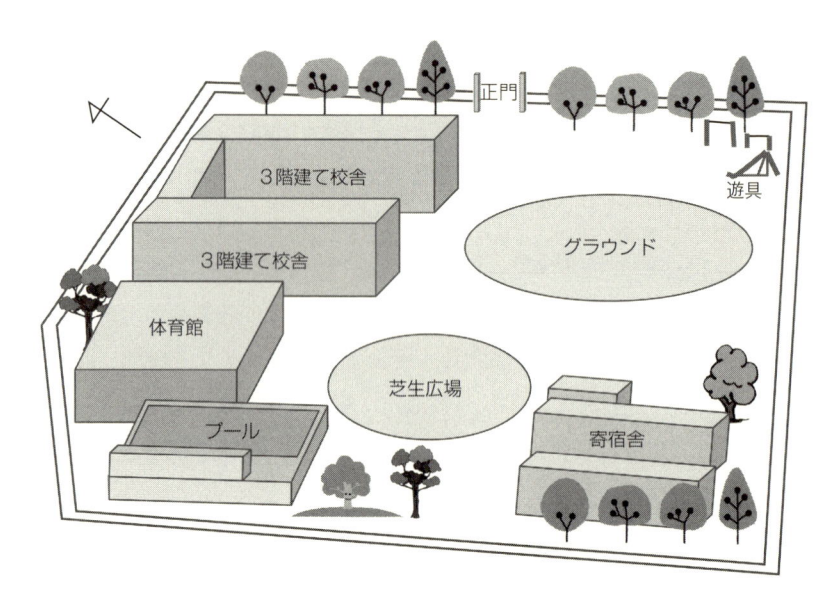

〈図5-27　学校敷地内の施設等の立体模型〉

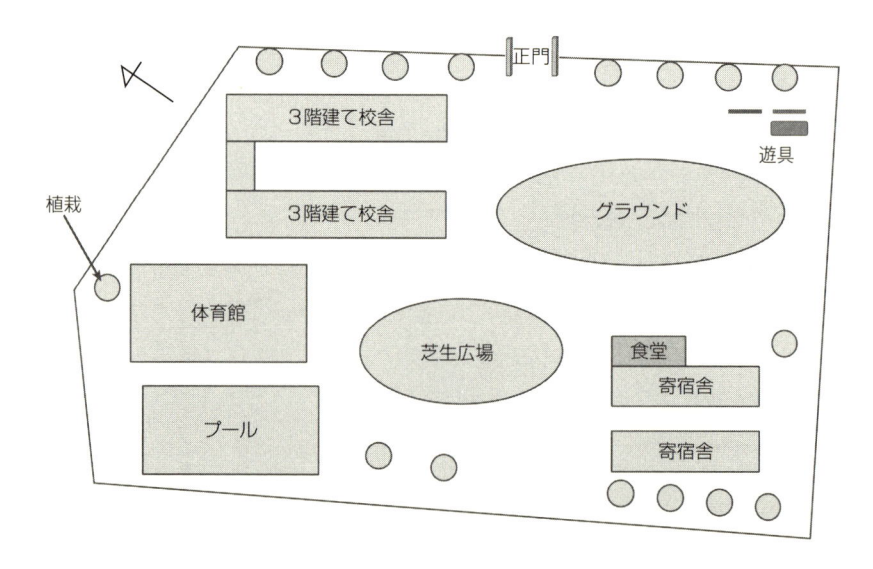

〈図5-28　学校敷地内の施設等の配置図〉

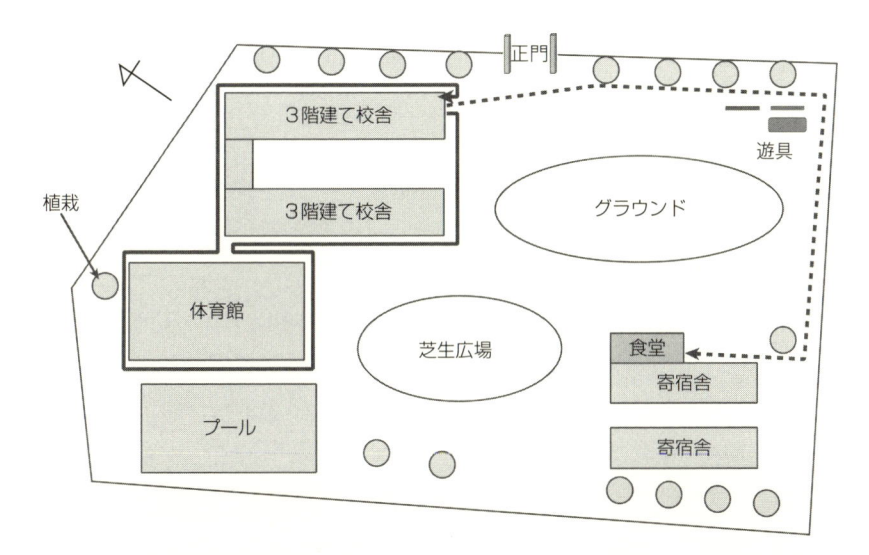

〈図5-29　学校敷地内の施設等の読み取り〉（図はサーモフォーム等で作成し，表記はすべて点字で）

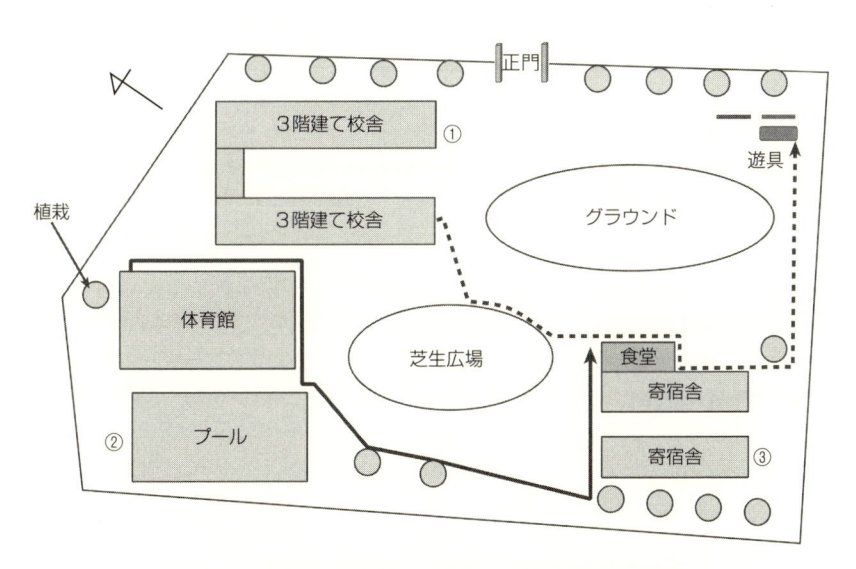

〈図5-30　指歩行と実際歩行との対応および不時着歩行の実践〉
（図はサーモフォーム等で作成し，表記はすべて点字で）

3　学習プログラムの具体的展開　145

探求心旺盛な子どもにとっては，非常に興味深い活動ですから，動機づけを明確にして行えば，探索意欲の向上につなげながらかなり興味深い活動を展開することができます。

また，「学校探検隊」や「宝探し」の活動も「不時着歩行」と同様に子どもの興味関心を高め，歩行や探索意欲の向上には効果的な活動です。これらの活動を図5-30によって，具体的に示してみます。
① 学校探検隊Ⅰ：学校の敷地内に，大きな木が何本植えられているか探検してこよう。
② 学校探検隊Ⅱ：3階建ての校舎が2棟あるが，この周りには入り口がいくつあるか探検してみよう。
③ 宝探しⅠ：図5-30を示して，「浦島太郎が②の場所に玉手箱を忘れたので，みつけてこよう」と言って，図上の②の場所を指定する。探した宝物は，①の場所まで持ち帰らせる。
④ 宝探しⅡ：図5-30を示して，「大金持ちが埋めた金塊が③の場所にあるのでみつけてこよう」と言って，図上の③の場所を指定する。探した宝物は，①の場所まで持ち帰らせる。

4　支援や指導を進める上でのいくつかのヒント

「3　学習プログラムの具体的展開」で示した指導を行う際の留意点やヒントを以下に整理してみます。

(1) 教材教具の整備と工夫

日頃の生活の場である学校の空間を効果的に理解させるための活動には，手作りした教材教具が非常に重要です。「3　学習プログラムの具体的展開」のそれぞれの指導場面において，教材教具をどのように作成したらいいかを具体的に示していますので，これを参考に，各学校においてそれぞれの学校の実情

に合わせた手作り教材を整備していただきたいと思います。教室の組み立て模型と教室内の備品，一つの校舎を形づくるための多数の教室模型等のパーツ，学校敷地内の施設（できれば，学校敷地内の施設配置の全貌を表す模型と，学校敷地内の施設等を配置するための組み立てパーツ等）はぜひ作ってほしいものです。

なお，こうした教室内の備品や学校内の施設の模型を作成する場合は，触覚的な観察に耐えうるようにするため，大まかで単純で堅牢であることがまずいちばん大切です。細かな部分の表現は捨象して，見た目の豪華さや綺麗さにはあまりこだわらない方がいいように思います。

(2) 比較的広い空間の理解には日常的な歩行経験が重要

比較的広い空間の理解には，日常的な歩行経験の積み重ねが重要です。この経験の積み重ねを基盤として，比較的広い空間理解の学習が成り立っていることを踏まえた支援が大切です。したがって，日常的な歩行経験が不十分な場合は，この経験を積ませることを最優先すべきです。歩行経験を積んで機が熟するようになるまで活動を待つことは大切ですが，手をこまねいて待つのではなく，機が熟するように積極的に支援していくよう心がけなければなりません。

(3) 具体的な学習プログラムのとらえ方

「3　学習プログラムの具体的展開」においては，「活動中心的定位の段階」「ルートマップ型表象の段階」「サーヴェイマップ型表象の段階」の三つの発達段階に区分し，各区分においては，1），2），3）……という順序づけで易から難への筋道を踏まえたセッションとして活動内容を示しましたが，子どもの個人差は大きいので，場合によってはセッションの順序を入れ替えた方がいい箇所や，かなりの長時間をかけて指導しなければならないセッションと，案外簡単にクリアできるセッションとが混在していますので，この点を踏まえた対応が望まれます。

⑷ 指導の継続性と連続性

　各セッションの活動内容は，継続的に行う必要がありますが，連続的に一定期間内に行わなければならないというものではありません。例えば，教室配置図の活動が終了したらすぐ建物配置図の活動に進むのではなく，ある程度子どもが学校の敷地内を自由散策して，かなり様子がわかるようになった段階を見計らってステップアップさせる必要があるのです。

⑸ 歩行地図の活動への発展

　ここで述べた校内の施設設備を用いた空間表象の活動によって，歩行地図の基礎は十分にできていますので，この活動の発展として，学校近隣の歩行と関連させて歩行地図の導入とそれに基づく活動を行うことが大切です。また，自宅から学校までの歩行ルートを取り入れた活動へと発展させることも忘れてはなりません。

　自宅から学校までの歩行ルートに関しては，自宅から最寄りの駅（バスや電車などの公共交通機関の駅）までの歩行地図と，バスや電車などの公共交通機関を利用した場合の学校の近くの駅から学校までの歩行地図とに関しては，しっかりとしたサーヴェイマップの理解が大切ですが，公共交通機関利用区間に関しては，ルートマップでも十分だと思われますので，この点を考慮した対応が大切です。

〈参考文献等〉
1) サクリーナ他著・坂本市郎訳 (1970)『感覚教育入門』新読書社
2) 文部省 (1984)『視覚障害児の発達と学習』ぎょうせい
3) 文部省 (1985)『歩行指導の手引』慶應通信
4) 佐々木正人 (1987)『からだ認識の原点』東京大学出版会
5) 五十嵐信敬 (1991)『視覚障害幼児の発達と指導』コレール社
6) 鳥居修晃 (1993)『視覚障害と認知』放送大学教育振興会
7) 山本利和 (1993)『視覚障害者の空間認知の発達』二瓶社
8) 五十嵐信敬編著 (1994)『目の不自由な子の感覚教育百科』コレール社
9) David H. Warren (1994) *Blindness and Children* An Individual Differences Approach.
10) 空間認知の発達研究会編 (1995)『空間に生きる』北大路書房
11) Linda Pring (2004) *Autism and Blindness* Research and Reflections.
12) 香川邦生 (2010)『視覚障害教育に携わる方のために』慶應義塾大学出版会
13) 東京国際モンテッソーリ教師トレーニングセンター　http://www.geocities.jp/ami_tokyojp/sensorial.html

著者紹介（2013年8月現在）

香川 邦生（かがわ くにお）

略　歴

1964年3月	広島大学教育学部卒
1964年4月～1978年3月	国・公立学校教員
1978年4月～1990年3月	文部省初等中等教育局特殊教育課教科調査官
1990年4月～1998年3月	筑波大学助教授
1998年4月～2004年3月	筑波大学教授
2004年4月～2011年3月	健康科学大学教授
2011年4月～	視覚・触覚情報支援教育研究所主宰

著　書（編集責任及び著者）

1999年	『視力の弱い子どもの理解と支援』教育出版
2000年	『自立活動の指導』教育出版
2005年	『個別の教育支援計画の作成と実践』教育出版
2009年	『視力の弱い子どもの学習支援』教育出版
2011年	『四訂版，視覚障害教育に携わる方のために』慶應義塾大学出版会
2012年	『特別支援教育コーディネーターの役割と連携の実際』教育出版

障害のある子どもの認知と動作の基礎支援
―手による観察と操作的活動を中心に―

2013年10月2日　初版第1刷発行

著　者　香川　邦生
発行者　小林　一光
発行所　教育出版株式会社
〒101-0051　東京都千代田区神田神保町2-10
電話 03-3238-6965　振替 00190-1-107340

©K. Kagawa　2013
Printed in Japan
落丁・乱丁はお取替いたします。

組版　ピーアンドエー
印刷　モリモト印刷
製本　上島製本

ISBN978-4-316-80395-1　C3037